U0878410

大学英语教学策略与应用研究

张牡丹 蔡放 蔡桂婷 ◎ 著

北方文艺出版社
哈尔滨

图书在版编目（CIP）数据

大学英语教学策略与应用研究 / 张牡丹, 蔡放, 蔡桂婷著. -- 哈尔滨 : 北方文艺出版社, 2024.5

ISBN 978-7-5317-6249-2

Ⅰ. ①大… Ⅱ. ①张… ②蔡… ③蔡… Ⅲ. ①英语—教学研究—高等学校 Ⅳ. ①H319.3

中国国家版本馆CIP数据核字(2024)第105914号

大学英语教学策略与应用研究

DAXUE YINGYU JIAOXUE CELUE YU YINGYONG YANJIU

作　　者 / 张牡丹　蔡　放　蔡桂婷

责任编辑 / 邢　也　　　　封面设计 / 郭　婷

出版发行 / 北方文艺出版社　　　　邮　　编 / 150008

发行电话 / （0451）86825533　　　　经　　销 / 新华书店

地　　址 / 哈尔滨市南岗区宣庆小区 1 号楼　　　　网　　址 / www.bfwy.com

印　　刷 / 北京四海锦诚印刷技术有限公司　　　　开　　本 / 787mm × 1092mm　1/ 16

字　　数 / 258千字　　　　印　　张 / 11

版　　次 / 2025 年 1 月第 1 版　　　　印　　次 / 2025 年 1 月第 1 次印刷

书　　号 / ISBN 978-7-5317-6249-2　　　　定　　价 / 68.00 元

前言

随着全球化的推进和信息技术的快速发展，英语作为一种国际交流的重要工具，越来越受到重视。在中国的高等教育领域，大学英语教学的质量和效果对培养学生的综合素质和国际竞争力具有重要意义。因此，深入研究大学英语教学策略及其应用，提高教学效果，促进学生英语水平的全面提升，已成为当前教育领域的一个紧迫问题。

大学英语教学的背景日新月异，学生的学科背景和学习需求各异，传统的教学方法已经无法完全满足多元化的学习群体。随着信息时代的来临，学生对语言技能的需求也发生了巨大的变化，不仅需要具备传统的语法和词汇知识，还要具备更为实用的交际能力和跨文化沟通技能。

在这个多元化和快速变化的时代，传统的教学方法已经不能完全满足学生的需求。因此，本书将深入研究不同的教学策略，包括但不限于任务型教学、项目化学习以及基于技术的教学模式。同时，本书关注了教学策略的实际应用，尤其是在大学英语课堂中的操作性。在全球化的语境下，文化多样性也成为大学英语教学不可忽视的一个方面。本书探讨了如何在教学中融入文化元素，使学生更好地理解和尊重不同文化，从而更好地适应跨文化交流的挑战。

作者在写作本书的过程中，借鉴了许多前辈的研究成果，在此表示衷心的感谢。由于本书需要探究的层面比较深，作者对一些相关问题的研究不透彻，加之写作时间仓促，书中难免存在一定的不妥和疏漏之处，恳请前辈、同行以及广大读者斧正。

目录

第一章 大学英语教学概述

第一节 大学英语教学的历史和发展

一、20 世纪五六十年代

20 世纪五六十年代是中国大学英语教学发展的关键时期，教育政策和社会背景的变化对英语教育产生了深远的影响。在这一时期，中国社会发生了巨大的变革。五十年代初期，中国进行了社会主义改革，大力推动社会主义建设。在这个时期，教育也成为国家政策的一部分，政府强调培养社会主义事业的建设者和接班人。英语教育在当时并没有受到足够的关注，因为政府主张学习苏联经验，俄语成为备受推崇的外语。由于政策的直接影响，英语并没有成为当时中国大学中备受关注的学科。许多英语教师纷纷学习俄语，以适应当时的学习氛围。这导致了英语教育的疏忽和教师队伍的枯竭。在这个时期，大多数教师转而学习俄语，英语教学技能基本上被遗忘。英语教育的不足导致了英语教师队伍的急剧减少。各大高校逐渐认识到问题的紧迫性，提出要求改学俄语的教师重新学习和教授英语。然而，由于长时间致力于俄语的学习和研究，大多数教师已经丧失了胜任英语教学的能力。这一时期的英语教育面临着严峻的挑战，急需采取措施恢复和发展。20 世纪 60 年代中期，中国教育体制遭受巨大冲击。这一时期，英语教育受到了更大的影响，教育体系的动荡使得对英语教育的重建进程更加复杂和困难。20 世纪五六十年代是中国大学英语教育中的一个特殊时期，受到各方面的深刻影响。这一时期的英语教育经历了起伏，但也为后来的改革奠定了一定的基础，促使对英语教育的重新审视和调整。

二、20 世纪七八十年代

20 世纪七八十年代是中国大学英语教学的新起步阶段，这一时期英语教育面临着社会、经济等多方面的挑战和机遇。在 20 世纪 70 年代末，中国社会正处于改革开放的前夜，国家进入了百废待兴的时期。改革的浪潮带来了对外开放和现代化建设的需要，英语作为国际通用语言再次备受关注。社会对英语的重视使得英语教育进入了一个新的发展阶段。在这一时期，英语教育者积极参与英语教育事业。由于广大教育者在公共英语教学方面经验较少，因此教育体系需要进行适应和建设。这一时期标志着公共英语教育的真正起步，为后来的发展奠定了基础。在这一时期，我国的公共英语教学主要呈现两种倾向。首先，一些教育者在教学中更注重传授英语基础知识，如语法、词汇等，强调学生的语言功底。其次，另一些教育者则更注重实际语言运用，提倡英语交际能力的培养。这两种倾向在当时的教学中相互较量，形成了一定的争议。尽管英语教育在这一时期获得了新的机遇，但也面临一些挑战。广大教育者在公共英语教学方面经验较少，同时一些客观因素，如教材匮乏、教育资源不足等，都给教学带来了一定的困扰。英语教育者在这一时期需要面对的关键问题之一是如何平衡语言基础知识的传授和实际语言运用的培养。这一问题在当时成为教学改革和探索的焦点，对英语教育的发展产生了深远的影响。20 世纪七八十年代是中国大学英语教学发展的一个新的起步时期。在社会背景的变迁下，英语教育进入了新的发展轨道，为后来更加全面和系统的英语教学模式的形成奠定了基础。

（一）专攻科技英语

确切地说，在 1966 年之前，我国的大学毕业生似乎并不熟悉英语，三四年的大学教育并没有向他们传授足够的英语知识，这就使得他们的英语能力较差。对此，外语界提出了一个最方便、快捷的学习英语的建议，即大学生可以在大学阶段专攻科技英语。于是，这一时期突然涌现了不少科技英语方面的名词，如“机械英语”“电工英语”“农业机械英语”等。然而，因为当时的科技英语教材编写得过于仓促、系统性不强，科技术语复杂难懂，加之学生的英语基础薄弱，使得科技英语教学的效果并不理想，最终完全消失在人们的视野中。

（二）倾向听说领先

改革开放的推进，使得我国与国外在教育、文化及贸易方面的交流日益频繁。于是，英语教学开始强调“听说领先”，目的是更好地与外国人进行各种往来，以吸取国外先进的科技、文化，推动我国社会的发展与进步。然而，“听说领先”的建议似乎仅能解决与外国人的日常会话问题，而无法与外国人进行深入的交流，所以这一倾向也很快不了了之。

三、20 世纪 90 年代

20 世纪 90 年代是中国大学英语教学发展的关键时期，也被称为中国的“英语热”时期。在这段时间里，英语教育经历了快速的发展和变革，对教学理念和方法进行了深刻的反思和更新。20 世纪 90 年代初，中国实施了“发展是硬道理”的方针，国家对经济建设和对外开放提出了更高的要求。这导致了英语在国际交流和合作中的日益重要，也催生了中国的“英语热”潮流。全国范围内展开了规模庞大的英语轮训活动，许多人积极参与英语学习，尤其是大学生和职场人员，对英语的学习需求迅速增长。在这一时期，中国的英语教学理念发生了显著的变化。以前强调基础知识传授的教学模式逐渐被弱化，更加注重实际语言运用和交际能力的培养。教学内容更加贴近实际生活，侧重提高学生的英语实际运用水平。这种转变推动了英语教学方法的更新，促使教师更注重培养学生的语境感知和语言表达能力。为了适应新的教学理念和应对“英语热”的挑战，20 世纪 90 年代的英语教育注重提升教师的专业素养。教师教育得到加强，培训和进修机会增多，这有助于提高教师的英语水平和教学能力。通过引入先进的英语教学理论和方法，教师更好地适应了教育的新形势。中国的对外开放也在一定程度上推动了英语教育的发展。与外国进行更广泛的交流合作，提升了对英语技能的需求。这促使英语教育更注重实际运用，更强调培养学生的听说读写能力，使他们能够更好地适应国际交流的需求。20 世纪 90 年代，大学英语教学水平得到了显著提高。从教学内容到教学方法，都经历了一系列的创新和改革。这一时期的发展为后来的英语教育奠定了坚实的基础，也为更多学生提供了更广阔的英语学习空间。20 世纪 90 年代是中国大学英语教学领域发展的黄金时期，英语热的兴起推动了英语教育的改革与创新，为培养更具国际竞争力的人才做出了积极的贡献。

四、21 世纪至今

在 21 世纪的今天，英语这门世界通用的语言越来越显示出它的重要性。2003 年，在《大学英语教学要求（试行）》已基本成型的情况下，教育部在北京交通大学召开了英语教学改革研讨会，该会议的主要内容如下所述。

（1）大力推进英语教学改革的原因。之前的英语教学大纲是以阅读为主，兼顾听说。如今，要将培养学生的英语综合应用能力特别是听说能力放在首位。

（2）如何推进英语教学改革。英语教学改革的目的得到明确后，下面就要对改革的手段加以明确。

第二节 大学英语教学的原则和影响因素

一、大学英语教学的原则

（一）以学生为中心

学生是教学活动的主体和内在因素，教师要想充分激发学生的主观能动性、提高教学质量，就必须要以学生为中心。所谓的以学生为中心，是指在教学过程中从学生的实际情况出发设计和组织教学活动，进而培养学生的交际能力。

在英语教学中，教师的指导作用不容忽视，但是充分调动学生的积极性才是教学质量有效提高的保证。以学生为中心需要教师在教学中为学生的学习创造条件。教师的“教”必须建立在学生“学”的基础上，教师的“教”要以学生的“学”为依据。教师在教学中的所有活动都必须考虑学生的心理和需要，根据学生的反应来调节自己的教学活动。要做到以学生为中心，教师应在以下几个方面突出学生的中心地位：

1.教材分析

教材分析是大学英语教学中至关重要的一环，其目的在于深刻理解并充分把握教材的内容，以便为学生提供更为有效和有针对性的学习体验。在进行教材分析时，教师需要结合自身的教学经验，通过筛选和优化教材，确保其与大学生的实际情况相契合，同时能够满足他们的学习目标和任务。教师首先要对教材进行全面的审查和理解，深入挖掘其中的知识点、语言技能和文化元素。通过对教材的仔细研读，教师能够确定教学的重点和难点，为学生提供更有针对性的辅导和支持。教学内容的筛选是教材分析的核心环节之一。教师需要根据学生的实际情况，选择那些既符合课程要求又具备启发性的内容。这包括从语法、词汇、听力、口语等多个方面进行综合考虑，确保学生能够在学习过程中全面发展语言能力。在筛选的基础上，教师还需对教材进行最优化处理。这意味着教师可以对教材进行适度删减、重组，以适应学生的学习进度和水平。同时，教师可以增加一些与学生实际生活经验相关的素材，使教学内容更具现实意义，激发学生的学习兴趣。

为了使教材更符合学生的学习经验和心理诉求，教师还可以通过引入相关的案例分析、实际语境等元素，加强学生对语言运用的理解。这样的设计不仅有助于提高学生的实际应用能力，还能激发他们对学习的主动性和积极性。教材分析是大学英语教学中不可或缺的一步。通过认真审视和处理教材，教师能够为学生提供更为精准、富有启发性的教学内容，促进学生在语言学习中的全面发展。在这一过程中，教师的经验和教学智慧起着至关重要的作用，能为学生创造更有价值的学习体验。

2. 备课

备课是教师教学中至关重要的环节，通过充分准备，教师能够更好地了解学生的学习状况，有针对性地设计教学活动，促进学生全面发展。在备课的过程中，教师应当通过多方面的信息了解学生，包括在课堂上的表现、测试成绩等，以便更好地个性化地指导学生的学习。备课是教师了解学生的学习状况的有效途径。通过分析学生在课堂上的表现，教师可以把握学生的学习兴趣、学习态度和学习习惯。同时，通过对测试成绩的分析，教师可以了解学生在不同语言技能上的表现，有助于制定个性化的教学计划。

在备课的过程中，教师应该根据学生的学习水平、接受能力、学习风格等方面的差异，设计灵活多样的教学实践活动。通过差异化教学，教师能够更好地满足不同学生的学习需求，提高教学的效果。此外，备课时的设计应尽量包含一些开放性较强的任务。开放性任务有助于激发学生的创造力和思维能力，使他们在学习过程中真正成为学习的主体。通过引入开放性任务，教师可以促使所有学生都参与进来，形成良好的学习氛围，提高整体教学的参与度和积极性。备课不仅是教师为了提高教学质量而必须进行的活动，更是一项全面了解学生、个性化设计教学的关键步骤。通过深入的备课工作，教师能够更好地调整教学策略，更有效地引导学生，从而实现教育的双赢局面。备课不仅是为了教学，更是为了深化对学生的了解，为个性化教学提供有力支持。

3. 教学活动

在大学英语教学中，教学活动的设计至关重要，它需要根据学生的特点、知识结构和学习兴趣，采用形式多样的方式，以确保所有学生都能积极参与。因为学生的性格、言谈习惯等方面存在差异，教师应在活动设计中充分考虑这些因素，创造一个富有包容性的学习环境。了解学生的个体差异是教学活动设计的前提。性格开朗外向的学生通常喜欢表现自己，对于口语和表达类的活动可能更感兴趣。而性格比较内向的学生可能更倾向于个人思考和书面表达。因此，教师需要通过观察、交流等方式深入了解学生，为他们提供更贴近个体差异的教学体验。

在设计教学活动时，教师应该注重平衡，确保活动既能激发性格开朗的学生的参与积极性，又能为性格内向的学生提供适应空间。例如，可以设计小组合作活动，让性格内向的学生在小组中更容易找到发言的机会，从而提高他们的参与度。教师还可以采用启发性的教学方法，通过引入一些趣味性强、具有挑战性的活动，激发学生的学习兴趣。这样的设计可以使所有学生对教学活动保持高度关注，并促使他们更积极地参与讨论和互动。

教学活动设计需要在尊重学生差异性的基础上，追求平衡和包容。通过差异化的教学活动设计，教师可以更好地满足学生的学习需求，提高整体教学的质量。在这个过程中，教师的灵活性和教学创意将发挥重要作用，可以为学生提供多样化、有趣味性的学习体验。

4. 教学方法和教学手段

教师的教学方法和教学手段的多元化是成功教学的关键因素。通过灵活运用各种教学手段，教师能够更好地满足学生的学习需求，提高教学效果。直观的教学手段是促使学生主动参与、增强记忆的有效途径。使用视觉、听觉等感官刺激可以使教学内容更加生动形象，激发学生的学习兴趣。例如，教师可以借助图表、图片、实物等直观的教具，通过实际展示来加深学生对知识点的理解。这种方法有助于提高学生的学习积极性，使教学更具吸引力。

形象化的教学手段如幻灯片、投影和模型等，能够将抽象的知识内容呈现得更具体、更直观。通过这些工具，教师可以在教学中引入丰富的多媒体元素，提高学生的学习效果。例如，通过制作生动的幻灯片，教师能够将复杂的语法规则、词汇等内容以图文结合的形式展示，帮助学生更好地理解和记忆。及时而具体的评价是教学中不可或缺的一环。教师应当对学生的表现进行及时的反馈，给予正面的鼓励和建设性的指导。通过评价，学生可以更清晰地了解自己的优势和不足，从而更有针对性地调整学习策略。这种个性化的反馈有助于学生形成积极的学习态度，提高学习动力。教学方法和教学手段的多元化为教学活动注入了更多的灵活性和创造性。教师应当在教学设计中充分考虑学生的个体差异，结合各种教学手段，使其作用最优化，提升学生的学习体验和成效。通过不断创新和改进教学手段，教师能够更好地应对学生多样化的学习需求，推动教育的不断进步。

（二）交际性原则

语言是交际的重要工具，人们学习语言的主要目的不是掌握语言的语法和词汇，而是利用这些语言进行交流和表达思想。海姆斯指出，交际是在特定语境中说话者和听话者、作者和读者之间的意义转换。根据海姆斯对于交际的定义可以得出以下几点认识：第一，交际有两种形式，即书面语和口语。第二，交际必须在一定的语境中发生。第三，必须要至少两个人的参与才能构成交际活动。第四，交际是参与者之间的互动。

根据以上内容可知，交际就是利用语言在不同的环境中进行得体的交流。大学阶段是学生将自己所学的英语知识系统化，并逐渐将理论知识转化为实践能力的重要时期。在此阶段，教师必须在教学中充分遵循交际性原则，使学生将自己所学的英语知识运用到各种交际实践中，进而锻炼交际能力，提高交际技能。想要达到这一目的，教师就要在教学中做到以下几点：

1. 认识课程本质

英语教学不仅是一门知识课程，还是一门重要的技能培养型课程，对于大学阶段而言，技能的培养显得尤为突出。教授、学习和使用是大学英语教学的基本过程，其中使用是大学英语教学的核心。大学英语教学的核心不是学生能够掌握多少知识，而是看其是否能够利用交际工具培养自身的交际技能。大学英语的学习与学习游泳、打篮球类似，只有通过不断实践才能得到质的提升。只有认清了大学英语教学的这一重要本质才能更好地学习英语，培养英语技能。

2. 设计情境

英语交际必须要在一定的语言环境中进行，在交际性原则下必须要为学习者创造适当的情境。情境的设计必须包括时间、地点、参与者（身份、年龄等）以及交际方式（口头形式还是书面形式）、谈论的主题等。

以上这些因素都对交际产生重要影响，而交际双方的身份、年龄、教育背景等会对交际内容产生影响。一个具有较高社会地位的人在交际中的语言比较礼貌、正式，而中下阶层的人的话语则比较口语化。例如，“Can you tell me the time?”这句话可能是向别人询问时间，也可能是因为迟到而受到责备。此时不同的情境对于感情和思想的表达具有重要影响。因此，在大学英语教学过程中应以交际性为原则，为学生设计一些情境，并且这些情境的设计应尽可能地与学生的实际生活相联系，使学生在英语学习中有一种身临其境之感。为学生创造情境不仅可以提高学生的学习兴趣，还可以很好地帮助他们学以致用。

3.精讲多练

大学英语教学主要就是教师的讲和学生的练，在大学阶段，学生已经具备了一定的英语基础知识，因此教师在讲解时可以选择一些重点内容，突出讲解重点知识，不必面面俱到。英语作为一种培养型技能，对其的掌握必须要经过大量实践。因此，教师的讲解应该以简明扼要且重点突出为宜，讲解的目的是为了更好地指导学生进行实践。学生要在教师讲解的重要知识的指导下开展实践，只有通过不断的练习实践，学生才能提高英语交际能力。教师理论性知识点的讲解要以指导学生实践为原则，而学生的实践活动应尽量多样化。

（三）兴趣性原则

我国儒家的经典著作《论语》中有一句话：“知之者不如好之者，好之者不如乐之者。”我国古代的教育家孔子将学习分为三个境界，即知学、好学、乐学，肯定了兴趣在学习中的重要性。对于学习而言，兴趣是最好的老师。学者周娟芬认为，学习兴趣可以推动学生去探索世界，追求真理。学习兴趣是学习动机的一个重要组成部分，它可以促使学生对所学的内容抱有一种积极主动的态度。鉴于兴趣对大学英语教学的影响，教师应充分激发和培养学生的英语学习兴趣。为有效地帮助教师培养学生的学习兴趣，教师应从以下几方面入手：

1.尊重并了解学生

学生是学习的主体，是整个学习活动的重要参与者。到了大学阶段，学生已经形成了自己的人生观、价值观。在教学活动中，教师应充分尊重学生的心理，从学生的需求出发去安排教学内容，而不以自己的经验为准绳为学生规定一些强制学习的内容和任务。大学阶段是英语学习的高级阶段。在初级阶段，学生的自制能力较差，需要在教师的监督和指导下才能顺利完成学习任务。而大学阶段的学生具有一定的自我管理能力，学生能够对自己的学习负责，因此教师在教学中应尽量放开，不要过多地干涉学生的学习，尊重并了解学生的兴趣、爱好以及学习心理。

2. 防止死记硬背

交际实践是英语学习的高级阶段，在英语学习的高级阶段，学习仍然需要牢记一些语法知识以及词汇等内容，而这些知识的学习具有一定的规律。教师应该在教学活动中为学生介绍一些有效的英语学习策略，以便于学生对知识的记忆和理解。教师应科学地设计教学过程，在教学过程中尽量创设真实的情境，使学生在真实的情境中习得并内化知识。

3. 增强交流

在大学班级中，学生都来自不同的地区，学生的性格、习惯等都有所差异，教师作为教学活动的主要组织者应对学生一视同仁。教师应通过各种不同的活动来增进与学生的交流，了解学生，与学生建立良好的关系。实践表明，学生对于课程的喜爱程度与教师存在着密切的关系。性格活泼且富有幽默感的教师使学生愿意与教师接近，学生也会因为喜欢某个教师而喜欢上其教的课程：也就是说，学生对英语的态度在很大程度上受到其对英语教师态度的影响。

4. 充分了解学生的特点

由于年龄、性格、学习阶段的不同，学生所表现出的特点也不尽相同。教师应该充分了解学生具体的特点，从而在尊重学生的基础上，增强学生对英语学习的兴趣。

在大学英语教学实践中，教师需要从学生的生理、心理特点出发，制订不同的英语教学计划，灵活选取多样的教学手段，让学生切实体验英语学习的乐趣。

5. 建立新的英语教学方式

教师应该创设符合高校学生英语真实水平的教学内容、教学策略和实践，也需要开发学生的英语思维，帮助其对语言知识的内化与吸收，从而为日后的语言交际打下坚实的基础。

6. 对教材进行深度挖掘

教材是教学的指导性文件，在教学中起着举足轻重的作用。高校英语教师在教学前，应该认真、透彻地研究教材，挖掘教材中学生的兴趣点，避免教材枯燥对学生的影响，从而调动学生学习的积极性。

（四）输入优先原则

输入是指学生通过听和读来获得语言材料。而相对于输入，输出则是指学生通过说和写来表达自己的思想。心理语言学研究表明，输入是输出的基础，只有足够的输入才能产生输出能力。语言输入的量越大，学生的语言输出能力也就越强。美国语言学家克拉申在其语言监控假说中指出，有效的语言输入一般具有以下几个特点：可理解性、恰当性、足够的输入量。根据克拉申对输入特点的分析可以将输入分为以下五种类型：

1. 可理解性输入和不可理解性输入

可理解性输入是指以学习者现有的知识水平可以理解的知识输入，这些知识材料的难度应略高于学习者现有的知识水平，通常用 i ＋ 1 表示，其中 i 表示语言学习者现有的知识水平，而 1 则表示略高于现有水平。不可理解性输入是指在学习者现有的知识水平下无法理解的语言材料。可理解性输入可以促进学习者知识的习得，而不可理解性输入对语言知识的习得无益，有时还会对知识的习得产生干扰。

2. 粗调输入和精调输入

粗调输入是指比较原始的、没有经过任何处理的语言材料，而精调输入是指经过调整后的语言输入。

3. 自然输入和非自然输入

自然输入是指学习者通过听和读所得到的语言材料，而非自然输入是指单词、词组和句型的背诵和记忆。

4. 外部输入和内部输入

外部输入是指学校和社会为学生提供的语言输入，而内部输入是指学习者自身语言练习或利用语言进行交流的活动。

5. 反馈输入和非反馈输入

反馈输入是指教师对学生的某一学习行为或举动所做出的反应，而非反馈输入是指除反馈输入以外的语言输入。

根据以上对语言输入的分析，教师在教学中应尽量为学生创造接触英语的机会，课本上的教学内容是无法满足学生的知识需求的，教师应为学生提供尽可能多的课外知识。除此之外，学生在日常生活中可以接触到的英语很多，学生应注意观察，自主丰富自己的语言输入内容和形式。

（五）发展性原则

所谓发展性原则，就是要保证所有学生的智力和非智力因素都得到发展。发展所有学生的智力因素与非智力因素既是教学工作的起点，也是教学工作的终点，还是衡量教学效果的重要标准。大学英语教学过程既是学生认知、技能与情感交互发展的过程，又是生命整体的活动过程。因此，学生的发展可以看成一个生命整体的成长，并且这个发展过程既有内在的和谐性，又有外在能力的多样性以及身心发展的统一性。要实现大学英语教学的发展性，需要做到以下三点。

①教师要关注每个学生的成长，以保证所有学生都得到发展。

②充分挖掘课堂中的智力和非智力因素，并合理、有效地实施教学，使之成为促进学生发展的有利资源。

③为学生设计一些对智慧和意志有挑战性的教学情境，激发他们的探索和实践精神，使教学充满激情和生命气息。

（六）综合性原则

大学英语教学还应该遵循综合性原则，对语音、词汇、语法等知识进行交互教学，从而提高教学的实用性。具体来说，综合性原则指导下的大学英语教学应该重视以下几方面的内容。

1. 整句教学与单项训练相结合

由于大学英语教学是为了提高学生的英语应用能力，教师在教学中应尽可能采用整句教学的方式。具体来说，整句教学就是先教授简单句子，然后再教授较为复杂和长的句子，将整句教学和单项训练相结合。

2. 进行综合训练

语言学习是一个完整的整体，需要在教学中进行综合训练，也就是结合听、说、读、写四个部分。在大学英语教学中，听、说、读、写技能的训练是教学的主要途径，教师可以训练学生的多种感觉器官，保证四项技能训练的数量、比例、难易程度，从而使学生完成不同的学习任务。

3. 进行对比教学

由于英汉语言的差异性，大学英语教学中还需要进行对比教学，引导学生在语言使用中学习单词、语法、语音。这种对比教学的方式能够保证整体教学效果的提高。

（七）渐进性原则

大学英语教学中的渐进性原则指的是具体的教学活动要根据学生的特点、年级进行，要符合人类认知的规律以及心理特征，做到由浅入深、由易到难。

循序渐进有利于将学生的已有知识、生活经验及好奇心联系起来，有助于学生认清事物发生及发展的过程，明晰所学内容的条理，逐步掌握解决问题的方法，形成解决问题的能力。贯彻这一原则需要做到以下几个方面。

①精心设计每个教学环节，明确各个教学环节的目标，选择最佳的方法及手段，使知识的呈现生活化和生动化，使操作技能与逻辑思维的发展有机结合。

②保证每个教学环节过渡的自然，做到承上启下。

③有序拓展知识网络，使学生懂得每一次的学习都是知识的又一次积累和补充，以使学生形成较为完整的知识体系。

（八）交际性原则

大学英语教学的最终目的是使学生具备使用英语进行交际的能力，因此交际性原则是大学英语教学的重要原则之一。具体来说，遵循交际性原则需要教师注意以下几个方面。

①重视英语教学的交际工具作用。英语是进行语言交际的重要工具，教学的目的是使学生了解和掌握这种工具。

具体来说，在大学英语教学中，交际性原则要求教师以交际性为目的进行教学，同时也要求学生以交际性为目的进行学习，在课堂上多进行交际性英语操练，将教学活动和英语应用紧密结合，从而切实提高大学生的英语交际能力。

由于我国缺乏使用英语的环境，因此课堂教学中的师生交流成了重要的英语交际活动，也成了大学生英语应用的重要渠道。鉴于此，教师可以利用相关教具，为学生创造适当的场景，协助学生利用英语进行真实或逼真的交际练习。这种教学不仅具有实用性，而且能引起学生的兴趣。

②重视英语语境的影响作用。英语的使用是在一定的语境中进行的，语境包

括交际时间、交际地点、交际者、交际方式等。在不同语境的作用下，相同的话语也可能产生不同的交际效果。因此，在大学英语教学中，教师需要重视英语语境的影响作用，培养学生的语境适应性与灵活性，为学生日后的语言交际打下良好的基础。具体来说，在大学英语教学过程中，教师可以设计不同的语境体验活动，让学生明白不同语境下英语使用的总体规范。

③重视英语教学的生活性。大学英语教学是为学生的生活服务的，因此在教学中需要重视教学的生活性。教师可以将教学内容和学生所关心的话题进行整合，给学生提供充足的、内容丰富的英语学习资料。由于这些教学内容与学生生活息息相关，会引起学生的共鸣，最终增强学生的英语学习和参与意识，促进英语教学效果的提高。

（九）以网络为手段原则

在大学英语教学中，还要将网络作为手段。在以网络为手段的原则中，还有很多细则，具体分析如下。

1. 多媒体呈现原则

众所周知，声音加图像的形式要比单独表述方式有更大的优势。因此，学生需要同时接收言语信息与形象信息，这比单纯接收单一的信息更有意义。例如，在英美文学的学习中，学生一边听解说，一边通过幻灯片、录像、动画等看到与材料相关的视频信息，会比单独听录音、单独看文字材料更有效果。这就是梅耶所谓的“多媒体效应”。在这一环境下，学生能够同时建构两种心理表征——言语表征与视觉表征，并能够建立起言语表征与视觉表征之间的联系。

2. 时空同步原则

相关的言语信息与视觉信息往往出现在同一时空，而不是分散的或分别的，因此会更有利于学生接受和理解教学内容。例如，学生在了解自行车打气筒的工作原理时，如果一边听声音解说，一边观看动画演示，能够很容易地了解和把握这一知识。这就是“时空同步效应”。在这一环境下，相关的言语信息与视觉信息需要同步进入工作记忆区，便于二者建立联系。

3. 注意分配原则

在网络环境下，言语的呈现需要通过听觉信道，而不是视觉信道。例如，学生通过听解说、看动画来了解材料内容。当解说词与动画都以视觉形式呈现时，学生不仅要对动画信息加以注意，还需要对文字信息进行关注，因此会导致视觉负担加重，造成部分信息的丢失。但是，当文本信息和图像信息分别以听觉、视觉呈现时，学生可以在听觉工作记忆区加工言语表征，而在视觉工作记忆区加工图像表征，这就大大减轻了学生的视觉负担，从而均衡分配，有利于学生对信息的理解和接受。因此，网络多媒体英语教学还需要坚持注意分配原则。

4. 个体差异原则

与基础较好的学生相比，以上三条原则对于基础较差的学生更有效；与形象思维较差的学生相比，上述三条原则对形象思维较好的学生更有效。因此，这些效应的产生都与学生的个体差异有密切关系。以网络为手段的大学英语教学应该坚持个体差异原则，注意区分学生具有的基础知识及形象思维能力，使不同的学生都能够实现最好的言语与图像的结合，从而获取所需的英语知识。

5. 紧凑型原则

以网络为手段的大学英语教学需要坚持紧凑型原则，这样有助于言语信息与图像信息的应用。在网络环境下，学生接收短小精悍的言语信息和图像信息，其学习效果更好。

二、大学英语教学的影响因素

（一）大学英语教学中教学条件的影响

教学条件是指学校的整体教学环境，包括：①软件环境。宏观的软件环境包括社会和学校环境，教师、学生特点、人际关系等，狭义的软件环境是指教育技术软件的应用；②硬件环境。硬件环境是指学校的实验室条件和计算机装备条件等。教学条件与教师、教学理念、教学内容、教学方法等因素相互作用，共同影响教学效果。英语教学条件的变化，可谓日新月异。教育技术在英语教学中的应用和发展与英语教学理念与流派的衍生具有紧密联系。

1. 计算机辅助教学

计算机辅助教学是以计算机的多项功能和特点，代替或部分代替教师面向学生，促使学生实现有效学习的教学形态。从理论上讲，计算机辅助英语教学与传统教学相比具有很多优势，打破了传统教学方法的束缚，使授课过程变得直接、清晰。

计算机辅助教学中的人机即时交互性可使学生迅速地得到反馈，激发学习主动性。此外，交互式学习环境中学生可以按照自己的学习基础、学习兴趣来选择自己所要学习的内容，可以发挥学生的主动性、积极性和才能，获得有效的认知等。计算机辅助教学与传统课堂教学对比，比较典型的两类问题是：①大多数研究在重复性地关注传统课堂与计算机辅助课堂教学效果，而探索在英语教学中如何更有效地使用计算机的行动研究很少；②对学习主体的研究较少。研究者多关注教学法。影响计算机辅助教学的因素：①缺乏英语学习资源，学校多媒体教室不够，硬件不够好，软件水平不高；②缺乏真正意义上的多媒体化课程和教材；③缺乏整体的计算机辅助英语教学和英语学习的环境；④缺乏教育资源信息化、超文本化、数据库化、可视化、智能化；⑤缺乏多媒体化、网络化、自主化、个性化、多元化的高效英语教与学的模式。此外，学生的信息素质有待提高，学生对现代教育技术的认识和技能的掌握，直接影响学习者使用媒体的积极性。

2. 网络辅助教学

多媒体与网络辅助教学是计算机辅助教学的一种发展形态，是以计算机技术为主导、涵盖多种媒体的教学方式：①教学主体借助多媒体光盘和网络教学资源获取学习内容；②教学活动中也会吸取并发挥多种媒体的特点和优势，形成合力。这一阶段的多媒体教学资源中还有了专为教师服务的电子教案、试题库。

（1）网络辅助教学的优势。传统的英语教学模式很难激发学生的兴趣和主观能动性。相比之下，多媒体与网络辅助教学具有诸多优势：

第一，网络辅助教学具有资源优势，教师可以充分利用网络获取资料，充实教学内容。英语课堂中最需要的是真实的语言、真实的语言环境。而把真实的语言引入课堂，创设真实的语言环境是现代多媒体网络技术的专长。

第二，异地交互。教师可以根据异地交互的特点，促进学生在自然、真实的交际环境中提高英语运用能力。教师既可以利用网络的广播功能进行班级集体授课，也可以通过点对点的操作与学生交流，实施有针对性的辅导，达到因材施教的目的。在多媒体网络教学系统中，教师可以及时收集反馈信息，不断改善课堂教学的协调性和适应性。教师还可以促使学生在网上参加英语学习论坛，引导学生进入虚拟的英语课堂，倡导合作学习，在网络空间享受丰富多彩的课外活动。

第三，网络课程更新快，可以随时进行补充、修改、完善，也可以利用互联网加进新内容，比传统教学模式先进许多。

第四，网络技术促进学生自主学习。网络技术使学生不全依赖课上时间，可以在课外成为信息加工的主体，对教材和各种学习资源进行挑选。自由选择合适或感兴趣的教学内容，调节内容呈现的形式和进度，媒体和学生之间是双向交互的。

（2）网络辅助教学模式。新的教学模式应以现代信息技术，特别是网络技术为支撑，使英语教学不受时间和地点的限制，朝着个性化学习、自主式学习方向发展。课程要求首次突出了计算机网络在英语课程中不可或缺的地位，指出了新一轮的教学改革方向。在此背景下，广大大学积极进行了网络辅助英语教学模式改革的探索，建立“网络英语学习”模式。这些模式主要呈现两种形式：①网络自主学习与面授辅导相结合；②全面地推行学生课后的网络自主学习，学生课外自我安排学习和网上自我测验相结合。无疑这两种模式都培养了学生的自主学习能力，促使学生自主安排学习进度，制订学习计划。通过丰富的网络资源，激发了学生的学习兴趣。

尽管网络辅助教学有诸多优势，但是学生并未充分利用起来，很多学生无法全身心地参与到网络辅助教学中来。由于个体学生缺乏良好的学习氛围，又有生活琐事牵绊，这使很多学生很难自觉坚持下去。网络辅助英语教学过程中还出现了教师的负担加重，致使教师参与积极性不高的问题。教师在网络辅助教学过程中担任的角色是多元的，他们除了要利用计算机网络为学生开发和提供教学资源，并根据学生特点设计具体的教学任务以支持学生有意义的知识构建和学习外，还要担当起管理者的角色。在网络教学环境中进行课堂管理，协调完善整个教学过程。

（二）大学英语教学中教学方法的影响

教师为完成教学任务所采用的教学方法直接影响教学效果。在这一过程中所进行的各种教学活动，都是在一定教学法思想支配下组织和实施的，是有目的、有计划的教学活动。

教学方法与教学观、教师观、学生观、人才观、质量观有着密切联系。教学方法也可以视为路径，有明显的导向，关系到把学生引向何方，把学生培养成怎样的人。无论是哪种教学方法都各有优缺点，每种教学方式都有其具体适宜的教学环境。在理论研究上各种英语教学法逐渐显现出越来越明显的互取所长的倾向，在实践探索上，人们对各种英语教学法采取了兼容并蓄的态度。但即便如此，在教学活动中，教学法的选择和运用取决于两个方面的关键制约因素：①教学目的和培养目标。方法是为达到目标和目的所采用的手段，不同的目的就决定不同的方法。②教学条件与教学环境。客观条件与环境的不同，就制约着方法的选择。另外，即使采用折中的方法，将传统教学方法与新的教学法结合起来，取长补短，这种结合也不是任意拼凑，而是要因时、因地、因人制宜地择优组合。

（三）大学英语教学中教学内容的影响

合理的教学内容是保证教学效果至关重要的一环。编写教材如果不能及时更新内容，也会使学生兴趣受挫，影响教学效果。目前，对大学英语教学内容一直存在争议，针对教学内容改革有三种主要观点：一是大学阶段英语教学内容为专门用途英语；二是大学阶段英语教学内容为普通英语叠加通识教育类英语；三是大学阶段英语教学内容重点在于以英语为教学语言推广通识教育，涵盖通用英语、专门用途英语、学术英语等内容。

大学英语教学应当考虑对学生的文化素质培养和国际文化知识的传授，但和培养英语工作者的英语专业不同，大学英语是获取信息和国际交往的工具，因此主要是语言实际应用或工作。我国大学英语教学必须从普适英语教学、从一般英语技能的培养转变到专业英语教学上来，帮助学生将英语作为工具，在专业学习和工作上做好语言准备。而提倡通识教育的人则认为，英语不仅是工具，而是在语言的载体中包含了极其丰富的人文性。语言用于交流或者交际就必然承载信息、思想或者情感等诸方面的内容，这些内容从各方面体现了人文性、人文学科的特征。

大学英语教学内容应该因各个学校的办学层次不同，学校定位不同，培养的人才规格不同，对英语教学的定位和学生的要求也应该不同。各大学可以根据各自的具体情况进行具体分析，进行社会和个人需求调查，确定自己的教学目标和教学内容。实现我国高等教育的中长期人才培养目标，大学可以将普通英语教学、通识教育类英语教学、专门用途类英语教学、双语或全英专业课程类教学组成大学阶段英语教学内容体系，它们有各自独特的作用，又相互关联，相辅相成。

（四）大学英语教学中教师的影响

教师是大学教育教学中“教”的主体，在整个教育过程中发挥着主导作用，对学生课堂的学习质量有着最直接的影响。

1. 大学英语师资队伍存在的问题

（1）专业化程度需要提高。教育学、心理学和应用语言学是从事英语教学职业的人必不可少的条件性知识。

（2）教育观念需要更新。题海战术的教学模式以教师为中心，忽略学生的主观能动性，重知识传授，轻能力培养，没有参与语言实践的机会，学生的语言应用能力得不到提高。因此，英语教师必须尽快改变传统教学观念，以学生为中心，发挥学生的主体作用。教师的角色是学生学习的引导者、合作者和促进者，教给学生学习方法和学习策略，培养运用英语的技能。

（3）信息素质需要强化。人类已进入信息社会。在信息社会里，信息技术将带来教学方法、教学过程和教学资料等多方面的变化，并以此改进教学效果，引发教育教学领域全面而深刻的变革。教师作为新知识的传授者，就必须主动适应信息社会，掌握信息应用能力，不断更新自己的知识。与信息应用能力紧密联系的是对现代教育技术的掌握和应用能力。随着现代科学技术的发展，教育技术和手段不断更新，教学中广泛使用高科技教学手段，掌握和应用现代教育技术已经成为当今大学教师的一项基本功。

（4）教学能力需要加强。我国大学教师队伍的培养更多地注重教师的专业学术水平和学历，形成了一味追求高学历的现象，热衷于写文章、搞项目，教学被不同程度地忽视，对教学规律的研究更是鲜有涉足。然而，教师提高教学质量，完成人才培养任务，不仅需要具备与教学活动有关的基本知识，还要具有研究教学方法和规律的能力与精神。

（5）知识结构需要调整。随着国际交流日益频繁，社会对复合型人才的需求激增，推动了大学英语教学新改革。在新改革中，要求大学根据实际情况，设计各自的大学英语课程体系，将综合英语类、语言技能类、语言应用类、语言文化类和专业英语类等必修课程和选修课程有机结合起来，并且适应教学需要，坚持自我发展，完善知识结构，为开设选修课和充实必修课做好准备。

2. 大学英语师资队伍素质的提高

（1）强化师资队伍的教学能力

第一，实施教学督导制。每学期均有听课重点，督导委员听课后，不但会将涉及教学内容、教学方法、教学效果、师生互动情况等方面的意见反馈给授课教师，同时也反馈给主管教学的副院长，帮助建立教师授课档案。第二，青年教师指导制。刚参加工作的青年教师，尽管具有一定的语言基本功，有较高的教学热情，但他们缺乏教学经验，可以安排教学经验丰富、教学功底扎实、乐于带年轻人的老教师与青年教师结对，帮助青年教师尽快熟悉主讲课程的课程大纲、制订本门课程的教学计划和教学日历等，以确保他们在最短的时间内进入角色，掌握教学流程，然后独当一面，成为一名合格的大学英语教师。

第三，课程教学团队制。大学英语教师组成的教学团队中，不同阶段的教师协调发展，共同进步。尝试课程教学团队制，同一门课程由两个或两个以上的教师担任教学，其中一个教师为主讲教师。这就是教师队伍建设中传、帮、带的具体体现。刚接受这门课程的新教师或年轻教师第一轮讲授少量内容，第二轮、第三轮逐步增加教学任务，直至独立承担这门课程。

第四，岗前培训。英语教师不仅应该具备扎实的语言功底，还需要有一定的教育学和心理学知识，因此，进行一定的岗前培训是必要的。

第五，信息技术系列培训讲座。大学英语教师要不断提高信息素养。要定期培训教师，让教师熟悉新媒体的运用，建立教学资料库等。

（2）提高师资队伍的科研能力与学历。大学英语教师在读书期间，可能没有接受过系统的科研方法和技能训练，缺乏科研条件和氛围与科研意识。因此，营造研究氛围，提高大学英语教师的科研能力，创造研究条件，解决研究成果的固化问题就成了大学英语师资队伍建设的重要任务之一。

3. 大学英语教师对话理论的实践

传统的语言学理论严格区分语言能力和语言运用，并强调语言能力，同时划分了严格的界限，强调第二语言能力的普遍心理过程研究和解释，而对语言运用的研究不够重视。而对话理论则强调语言运用，而非语言能力，它认为外语学习不应被看作是一种能力，而是一种行为。

（1）对话理论的特点。在这个全新的外语学习模式中，二语能力的获得并不源于语言习得机制，而在于社会环境，在于语言的使用。这种语言的运用发生在真实的社会环境中，并不是想象的状态。社会环境创造语言，语言造就社会环境，两者相互促进。这一理论主张语言能力和运用之间相互作用，而非语言能力优先。

对话理论的特点主要包括以下方面：

第一，语言学习目的不是普遍性或线性的，而是个别的和辩证的。

第二，语言运用和语言能力是联系在一起的，因为它们之间存在着辩证关系。

第三，一定社会文化环境中典型的言语类型并不局限于语言符号，还包括手势、面部表情等非语言符号和图示、图表等符号标记。

第四，语言不再被看成是简单的语言体系或语言规则，而是融入不同的社会文化环境中的言语。

第五，在这个模式中，认知能力和第二语言能力是同步发展的，两者处于辩证的关系中，它们相互促进。

第六，对话理论方法需要研究成功或不成功的外语学习者。

第七，对话理论方法赋予研究者的任务是探究学习者逐渐参与某一社会环境的相关过程，这样的任务要求将定性研究作为外语学习领域内的科研方法。

第八，研究的最终目的是建立起一个积极的目的语文化参与者的典型。

（2）对话理论带来的启示。具体如下：

第一，英语教学中的多方关系。大量的外语学习研究特别强调区分理论研究者和实践者（教师），常常把二者放在不平等的位置上，而与这些研究紧密相关的是一种从理论到实践的严格单一方向的信息（知识）流。理论家和研究者提出新理论，然后教师把这些理论知识应用于实践中，在这里，教师是外语学习研究新发现的被动接受者。由于大多数外语学习理论和研究都基于某种理论模式，因此教师们的反馈与合作被认为是不必要的，接下来就是学生的接受，而由于多种原因，学生只能接受教师传授的部分知识。

为了改变研究者和实践者之间的动态性，外语学习理论需要有一个大的飞跃。没有理论上的突破，没有一个新的模式，就不可能改变外语学习理论和实践的关系。只有当教师和学生们的声音与研究者、理论家们的声音具有同等重要地位后，这种新的协作才可能发生，才可能从“不平等”阶段发展到“民主和平等”的新阶段，每一部分都享有同等的地位和权利，并产生平等的相互作用。然而，声音的平等性在现存的外语学习认知和信息处理模式中是不可能实现的。

如果要理解人们获得部分二语能力的复杂过程，成为目的语文化积极的参与者，教师、学习者和研究者之间的紧密合作是非常有必要的。新的外语学习研究方法需要教师、学习者、研究者和本国语持有者共同参与理论的构建，他们的意见需要受到同等重视。

第二，注重互动、个体发展与文化培养。

（五）大学英语教学中评测方式的影响

合理运用评价体系在大学英语教学中提升教学质量的作用。在教育评价中，依据其在教学过程中的目的和作用，常见的类型如下：

1. 大学英语形成性评价

形成性评价是一种以评价为导向的课堂活动范式，它以评价者的判断能力为核心，要求评价者采用、调整、设计各种适当的任务，系统地收集学生的信息，并用适当的评价工具对信息进行评价分析和阐释，再反馈给评价者用于调整教和学的过程，从而促进学生语言能力的发展。学生在学习过程中发生的评价，其目的是提供反馈。形成性评价是在教学过程中的每一个阶段提供反馈和纠正措施，是教师和学生通过小测验进行的评价，其目的是辅助教学过程。

形成性评价对学习的促进作用为学生提供相对有安全感的学习环境，重视对学生学习过程的评估和评判。它通过多种渠道多种方法收集、综合和分析学生日常学习的信息，了解学生的知识、能力、兴趣和需求，着眼学生潜力的发展。通过教学过程中的不断反馈，使学生在反思和纠错中不断成长。它使教师看到教学意图和教学效果之间的差距，从而改进教学。高质量的形成性评价模糊了教学、学习和评价之间的关系。

2. 大学英语终结性评价

终结性评价是在学期、课程或项目结束后所进行的评价，其目的是为了打分、评级、评价进展，或进行课程、研究项目、教育计划的有效性研究，最核心的特征就是在学习、教学完成之后，对其效果做出判断，具有总结功能。

虽然终结性评价仍是英语教学中经常采用的评价方式，但不少研究指出了终结性评价的负面影响。终结性评价往往只重视结果，不看重过程，具有一定的片面性，长期以纸笔考试或标准化考试成绩为本的终结性评价，其评价过程和教学过程相脱离，测试的结果是学生对知识的知晓水平。同时，这种评价形式也给教学改革带来了很大的负面影响，导致教师追求以应试知识为主的教学模式，忽略学生对知识的创造力及多元的理解力。

此外，终结性评价这种以考试成绩来判定学生学习能力和教学质量的做法，无疑在某种程度上强化了分数的作用，不利于激发学生学习英语的积极性和保持学习的持久性。

第三节 大学英语教学的挑战

一、大学生英语教学面临的具体挑战

（一）大学生英语水平

英语是我国学校教育中历时最长、学时最多的一门学科。从中学到大学，再到硕士、博士研究生，学生们一直在投入大量的时间和精力学习英语，尤其是自从轰轰烈烈举行全国四、六级统考以来，大学英语教学受到了空前重视。各高校英语教学条件、设施也得到了相当大的改善，学校领导、教师及学生都付出了很大的努力。但是似乎付出的代价与收到的成果不太相称，“哑巴”“聋子”英语的帽子一直戴在学生头上，英语学习没有真正达到学习语言的目的，学生们害怕提问、害怕开口，习惯了多年来中学教师的“一言堂”教学模式。教师一直讲，学生闭口听，记笔记。下课背笔记，背单词，做书本后面的作业，教师无法实施启发式教学，学生们对启发式、参与式的教学难以接受。教师忙于完成教学进度，疲于应付四、六级考试，总认为课堂时间紧，不可能有充足时间来让学生发言，任何改革手段在大学英语教学中都没有时间去试行，只能“满堂灌”。现在大多数学生学习英语只是为了应付四、六级考试，考试过了关就把英语抛到脑后，到毕业时英语水平反而大大下降，许多学生虽有四、六级的证书，听、说、写的能力却很差。结果是，从中学到大学的英语学习所花的代价全部付之东流。这真是对青春的极大浪费，确实令人痛心又无奈！

（二）目前大学公共英语教学

大学英语教学是在中学英语教学基础上的教学。中学六年的学习，教学模式已深入学生的心，成年人多年形成的习惯要想改变绝非易事。加之四、六级不考口语，听力分数也不多，教师和学生都忙于赶进度、应付考试，很少抽出时间进行语言实践。目前我国学生到大学毕业时的英语总体水平仍然不高，听、说、读、写的能力不强，特别是听、说、写的能力较差，相当一部分学生学的是哑巴英语。大学英语教学中存在的这种“费时多、收获少”的弊病以及大、中、小学严重脱节的现象，使英语教学远不能达到预期的效果。

面对外语教学的现状，专家、学者纷纷呼吁：让语言真正活起来。有人将现在的英语教学比作是一壶烧了十几年还没开的温水。为何会造成这样的局面？从事了50年英语教学工作的中国人民大学外语系研究生导师湛馨荪教授认为：原因很多且由来已久。教法落伍、教材陈旧、教师队伍水平参差不齐及有关部门的政策都是影响英语的原因。

1. 英语教育发展的不平衡问题

国内不同地区的经济发展水平，以及对外交流程度存在较大的差异，导致教育发展存在严重的不平衡问题，不利于教育事业的协调发展。如东部与沿海地区大学英语教育水平较高，学生的各项英语能力普遍高于西部地区。这种差距主要是经济与教育水平两大方面决定的。可以说，教师自身水平与资源较少问题，忽视了跨语境文化教育教学。但是，中国与国际文化交流的日益频繁，对大学生英语交际能力提出了更高的要求，要求其要不断适应国际发展形势。

2. 高校大学生水平参差不齐

高校大学生水平参差不齐，多数是被动参与到日常教学活动中，教学氛围相对沉闷，不利于大学生获得新的知识，高校教育的资源与条件有限等，也会影响大学英语的教育发展程度。大学生英语水平的差异性，导致学生个体间对英语知识与技能的吸收与掌握程度不够，差距非常明显。

3. 大学英语教育模式缺陷

高校大学英语教学体系中，不仅是学生主体水平有待提升，教师队伍素质应不断适应社会发展需要。部分高校教师工作压力很大，定期参加教育培训的机会较少。对于这种情况，传统教学规模与模式已经不能与时代发展相适应，不利于大学生的英语学习与能力锻炼，教师队伍改革势在必行。教师观念落后，教学方法单一、不灵活，未从本质上丰富英语教学。学生仅仅是处于被动接受地位，忽略了单词、短语或短文的口语表达与听力写作能力。再加上教师采用讲授为主的授课方式，没有体现出学生的能动性、创造性与自主性，阻碍了学生的英语技能发展。

二、大学英语教学改革策略

（一）转变教育教学理念与方法

传统教学模式虽对课程教学有过积极的作用，但是已经不能适应现代教学环境。再加上教育教学改革步伐的加快，暴露出传统教学理念的保守性与落后性问题。大学英语教学思想上，应更加关注学生的语言应用能力。对于课堂教学模式，应避免大学英语教学的过程“五多五少”问题，具体来讲就是灌输知识多、能力变动少；教师讲得多、学生参与少；教师传授多、学生实践少等。对此，改变大学英语教学模式，首先应提倡教学理念的变革，摒弃传统教学弊端，以促进和改革课程为标准，注重培养学生的独立思考与应用能力，从语料输入、语篇分析、技能训练到综合练习的教学全过程。

（二）外语学习的衔接

大学英语教学大纲是英语课程落实教学工作与建设发展的根本性指导文件，也是大学英语实施教学改革的目标。其关注语言学习基础，注重培养学生的语言交际能力，统一了教学思想，符合定量化、定性与目标化要求，对此提出一系列改革措施与测试内容。可以说，克服教学大纲思想与行为相违背的教学实践，结合大纲内容与学生实际情况，定向培养学生的英语听译和阅读能力，重视四、六级考试、英语必修课、外语选修课等形式多样性，促使大学生在校期间英语学习不间断。与此同时，注重教材内容改革，以应用语言交际为主，以英语为文化交流工具。

（三）传媒时代下的学生改革

传媒信息交流时代，互联网技术为大学英语教学改革提供了新的发展空间，为改变传统课堂教学模式提供新的途径。学生英语学习不受时间与地点限制，可以通过网络随时随地学习。但是，对于自制力较差的大学生来说，进步效果不明显，还会产生负面作用，为保证提升学生的学习与能力素质，应促进学生的英语学习热情与主动性。并且，可以组织丰富的英语活动，如英语话剧、英语辩论等活动，调动学生的英语活动参与性。当学生学习英语遇到困难时，可以通过校园网在线交流，或直接请教教师。应加强大学英语教育教学评估。如四、六级考试等，是开展高校英语教学的引导性评估方式，还可以在此基础上增加语言技能评估方法，以及突出文本增值信息，如人文通识教育的评估，可以借鉴 TEM 考试，注重提升学生的媒介素养与语言应用能力。

（四）全面统筹规划大学英语教学，以顺应和满足社会对英语多样化的需求

我们以培养实用型英语人才为出发点，从大纲、教材、教学方法、课程设置、实践能力等方面加大教学改革力度。首先，在教材建设方面，要适当削减阅读训练的内容，增加听力和口语交流的内容。而且，在自编教材的同时，要加大引进国外优秀英语教材的力度，特别是要引进那些近一二年出版的最新教材。其次，在教学形式和方法上，要减少和防止单纯的讲解式教学，多开展交流和多媒体教学，充分利用语音实验室和网络，开展小班上课，并防止“满堂灌”和死记硬背。总之，大学英语教学应进一步提高自身的应变能力，根据学生本身及社会对他们的要求，因材施教、因需施教，培养不同层次的人才，丰富英语教学的多样性、多层次性，及时地提供社会所需要的英语人才。

（五）建设一支有水平、有思想和稳定的教师队伍

这是大学英语教学迈上新台阶的关键。第一，要大量多渠道地引进和补充高素质的外语教师。英语师资短缺一直是困扰大学英语教学的大问题，特别是在扩招以后，在校学生人数快速增长，造成英语师资问题进一步凸显。我们要加强听力和课堂交流，除了利用现代化教学手段之外，还要开展小班教学，这需要更多的合格的外语老师。第二，鼓励教师积极展开教师自主培训，有计划、有步骤地提高自身素质，尽快让他们在教学实践中成长起来。第三，要充分利用国外的外语教师和英语优秀的专业课老师。

（六）尊重个性差异，调动学生主体的积极性

大学英语教学的改革必须尊重学生的现实情况，必须满足学生需要。在过去很长一段时间里，人们对外语学习的研究一直集中在教师教学方法的改进上，对外语学习者如何学涉及较少。近年来，由于对第二语言学习的研究不断深入，人们对学习者在外语学习中的作用问题要进行重新审视。广大英语教师应积极展开对学生英语学习过程的研究，总结外语学习规律，培养学生的自主学习能力。

第二章 大学英语教学目标与课程设计

第一节 大学英语教学目标

大学英语教学的目标是培养学生的英语综合应用能力，特别是听说能力，使学生在今后工作和社会交往中能用英语有效地进行口头和书面的信息交流。但在英语教学中，教师往往比较重视语言的外在形式和语法结构，而忽视了语言的社会环境，特别是跨语言文化的交际，致使学生难以知道什么场合该说什么话，从而影响了学生的交际语用能力的发展。我们认为必须把语言知识和文化知识结合起来才能顺利地进行语言交际，还应重视培养学生对文化差异的敏感性，在课堂教学中给交际文化教学以一席之地。语言是文化的载体，是文化的一部分，是文化存在的标志符号，没有语言，便没有文化。不同民族有着不同的文化、历史、风俗习惯和风土人情等，各民族的文化和社会风俗又都在该民族的语言中表现出来。所以，语言和语言的应用不可能脱离文化而单独存在。英语教学是语言教学，当然离不开文化教育。因此，我们在习得一种民族语言的同时，也在习得该民族的文化。文化具有鲜明的个性，不同的文化之间自然会产生差异，文化差异反映到语言上，就成为语言上的差异。在英语教学中假如中国学生不了解这些文化差异而套用中国人的日常交往模式，就会造成语用失误，影响日常生活交往的顺利进行。语言交际首先从称呼对方开始，有时因称呼不当，会引起对方的反感，直接影响交际效果。在汉语中可以把“老师”当作一种称呼，可是在英语里“teacher”是职业不是称呼。英美人习惯称呼老师为“Sir”或“Mr.”“Mrs.”；在日常交际中，关系比较密切还可以直呼其名，常用“Sir”和“Madam”来称呼不知其名的陌生人。在英国，对十几岁或二十几岁女子可称呼“Miss”。

中国人见面打招呼除说像英语的问候语“你好”“你早”外，最常用的是“上哪儿去”“吃了吗”这两句，若用英语直译出来的话，则会使说英语的本族人感到不快，因为：Where are you going ? What are you doing ? Where have you been？均属私事，旁人没有必要打听。他们内心的反应可能是：“It’s none of your business!”而“Have you eaten yet？”或“Have you had your lunch？”他们可能理解为：我也没有吃，走吧！我们一起去吃点东西吧！人们告别时，英语常说：“Good-bye”或“bye-bye”或“See you”。汉语则除了“再见”外，主人还会说：“慢慢走！”“走好！”之类的话。若用英语说：Please walk slowly! 这会使操英语的人听了感到困惑：为什么要慢慢走？快点走就不礼貌了吗？在此场合，主人说声：“Thank you for coming.”或“We’ve had a nice time with you.”就很得体。英美人在日常生活中无论是在别人帮了他们一个大忙，还是帮他们做了一件微不足道或极其普通的事情时，他们都会说一声“Thank you”，就是亲朋好友之间、父子之间、夫妻之间也常说“Thank you”或“Thanks”之类的感谢语。然而，由于中国与英美国家的习惯有所不同，中国人与英美人接触时，有时会使对方觉得不够那么彬彬有礼。中国人在别人为他们做了些琐事后，经常忽略对别人的小小恩惠表示感谢。但有时，中国人所表示的谢意对英美人来说又过分了。比如，当一位外籍教师花了半个小时为你修改了一篇作文后，你本应该说“Thank you. I really appreciate your help.”这样就够了，但是如果你反复地表示感谢，甚至说“I’m sorry to have wasted so much of your time.”这样会使那位外籍教师感到很窘，适得其反。英美人听到别人赞扬，一般说“谢谢”表示接受，而中国人在受到表扬和恭维时，虽然心里高兴，但是并不如实地说出自己内心的感受，而是想法子掩饰它，说一番自贬的话，以示自谦。例如，当别人赞扬你的英语好时，你一定会谦虚地说“哪里，哪里！”“还差得远呢！”（No，no，my English is poor.）按照中国人的习惯，这样的回答是很得体的，但是如果是英美人听了这样的回答，会感到你是在说他的话不实在，于是他可能会说“I am telling the truth rather than flatter you.”所以按照英语习惯“Thank you.”或“It’s very kind of you to say so.”就行了。英语词汇在长期的使用中积累了丰富的文化意义。在教学中，我们不能只简单地教字面意思，应该教学生在掌握词汇字面意义的同时，还要注重对英语词汇的文化内涵的介绍，以防学生单纯从词汇本身做主观评价。以“dog”一词为例，在语言意义上，中国的“狗”与英美国家的“狗”没有区别，但两个文化群体里的“狗”的文化意义却相差甚远。

一、帮助学生理解英语

“教师使学生懂英语”这个过程仍然是一个使能过程，但不是使学生掌握技能和学习本领，像开车和修理机器一样，而是使学生动脑筋，学习语言知识。学生的学习过程不是一个行为过程，而是一个心理过程，教学的中心仍然是学生。在这个过程中，学生是中心，是关键的参与者，而教师只是帮助者和使能者。但是，在此学生不是学会做事，而是要扩展他的思维活动，使其获得新的知识。教师的任务是提供学生所需要的一定量的知识。这里需要考虑的是“知识”一词。学习语言通常认为有两种方式：学习语言和学习有关语言的知识。在此，知识纯粹是有关语言的特点和运用的知识。但掌握语言知识也可以称为懂英语。它既表示学习英语意味着学会有关语言的知识，也表示学会说这种语言。这两种解释实际上代表了两种不同的教学模式。从第一种模式的角度讲，学习知识可以只让学生理解和记忆即可，而不必要让学生去进行实际的操练和实践，其重点是心理活动。从第二种模式的角度讲，学生不仅要理解和记忆所学的知识，还要学会实际的语言运用技能，学会把所学的知识运用到实际语言交际中去。同时，还要学会在一定的文化语境中，即在目标语文化中，从事所要进行的交际活动和学会语言要完成的交际功能，以及所要运用的语言知识。这样，教学的目标可以有两种：使学生学会有关语言的知识和使学生会讲这种语言。

二、教师帮助学生学会英语

“教师使学生学英语”，在这一教学过程中，学生学习英语，教师帮助他们达到目的。学生是行为者，是教学的中心。教师是使能者，可以采用各种各样的手段来帮助学生学习英语，例如，可使用各种各样的现代化技术和设备来帮助学生学习。

这种教学模式距离我们现代教师对教学的认识十分接近。教师首先考虑的是学生，而他们自己的角色就是指导和帮助学生。但现在我们没有考虑的是学生的任务是什么性质的，是什么样子的，只是想当然地认为学生如何学习，也就是说，对教学目标没有很好地进行限定。从教学方法和程序上讲，教师把教学的主体变成学生，教师的角色只是帮助学生达到学习目的，应该说这是一个很大的进步。但这个过程所提供的是一种方法，并没有提供教什么。我们可以根据让学生自己学，由被动变主动来考虑学什么和达到什么目标的问题。以上所讲都是物质层面的过程，也就是说，教学的过程被看作是一种行为和动作，是做事情，是完成任务等。

三、给学生传授语言知识

“教师把英语教授给学生”的教学过程被视为一个物质交流过程。在这个交流过程中，主要的参与者是给予者和礼物，即教师和他所教授的语言，而学生的存在是偶然的，他只是被给予的对象。从人际交流的角度讲，教师像赠送钢笔等物品一样，把英语“给予”学生。在这种情况下，教师通常要教给学生他们自认为是“好”的英语，如“标准英语”“文学英语”等。在这种交流过程中，教师处于绝对控制地位，学生则完全处于被控制的地位。所以，学生认为什么是好的英语是无关紧要的，因为他没有发言权。教学的重点是语言，施授者是教师，学生只是受益者，接近情境成分。这似乎是传统外语教学的模式。教学的目标是教给学生教师自认为是“好的”或者是“美的”英语，使学生学会标准的、高雅的英语。从方式上讲，教师在不停地教，而学生则只能不停地接受。至于他愿不愿意接受和能接受多少，教师不太注意，而注意的是学生是否在接受。教师通常为自己所选择的美的教学材料，或者是美的教学方式所陶醉。教师的快乐在于知道学生懂得了自己在课堂上所教授的内容并且欣赏自己的教学内容和课堂表演。

四、训练学生的英语技能

“教师用英语教导学生”，从人际交流的角度讲，这一教学过程的重点仍然是教师，学生是参与者之一，但只是一个被动角色。他的参与受到外界因素的影响，受到教师行为的支配，他没有学习的主动权。但在这一过程中，教师不再是简单地像给予学生东西一样把语言传授给学生，而是使学生提高了技能，达到教师的训练目标。从课堂内容的角度讲，在这一教学过程中，教师通常提供大量的课堂训练和练习，以及大量考试。教学目标是使学生掌握运用语言的技能。

从教学方式上讲，教师主要给学生大量训练，开展许多活动，学生是这些活动的参与者和训练对象。这种教学模式既相似于传统教学法中教师主导一切的模式，也相似于模式训练法的教学模式，学生只是被训练的对象，自己没有主动权，所以难以发挥学生的主观能动性。这是一种结构主义和行为主义的教学模式。教师不是主要使学生学习语言知识，而是获得语言技能。但这种技能不是实际运用语言的能力，而是一些语言模式，而且这些模式大部分是一些根据结构主义理论提炼出的语言结构模式，而不是根据情境语境中的语境模式而提炼出来的语言功能模式。

五、发展学生的意义潜势

“教师使学生成为讲英语的人”，在此，教学过程被看作一个关系过程。教师仍然是一个使学生能够做某个事情（讲英语）的人，但他不仅仅是使学生能够做某个事情，而是使学生成为一个能讲目标语的人。语言被视为一个“潜势”，称为“意义潜势”。教学的目的是使学生掌握这一潜势，使学生会用语言来表达意义。这显然既包括使学生掌握有关语言的知识，也包括使学生掌握语言表达的能力，学会用所学的语言说话。

通过对以上几种教学模式进行比较分析可以发现，教学过程主要被看作一个物质过程，是一种活动，主要参与者是学生和教师。即使是心理过程，教师也是一个使学生做事情的人，是个控制者，而不是“感受者”。但在这个过程中，教师所起的作用是不同的。他可以作为控制者和行为者，学生是目标，也就是说，学生只能被动地接受教师所传授给他的任何他认为重要的东西；教师也可以作为训练者，做教练，让学生做一系列活动和动作，他是指挥和指导者，学生是活动的进行者，是行为者；教师还可以是使学生做事的人，他组织学生从事一系列学习活动。从这个角度讲，这几种模式有一个共同点，就是教师的作用越来越趋于向背景移动，而把主要角色让学生来承担。学生越来越成为教学活动的主角和中心。这是现代语言教学理论和方法发展的趋势。通过对以上几种教学目标的分析和比较可以发现，英语教学中的目标可以是：帮助学生理解英语；帮助学生学会英语；给学生传授语言知识；训练学生的外语技能；发展学生的意义潜势。但英语教学的主要目标是教授掌握外语的技能。英语知识的学习只是辅助的，有利于促进外语学习，但不能代替外语技能的训练。英语教学的较高目标模式应该是综合性的以发展学生的意义潜势为主的目标模式，但最高目标应该是培养学生的跨文化交流能力。

六、跨文化交流能力的培养

随着新教学大纲的颁布、英语教学改革的深入，培养学生交际能力的意识越来越深入人心。但我们在英语教学实践中却发现，尽管教师在培养学生听说读写言语技能方面花费了大量心血，但教学效果并不明显。通过分析，就会发现现行的围绕听、说、读、写、译等言语技能训练所编的教材及所采用的教学方法存在着一定问题。严格地说，目前大学英语教学还没有突破语言知识的掌握和言语技巧的训练的框框，学生所学到的更多的是语言表面的知识。因此，英语教学仅仅重视言语技能的训练是不够的，还必须注重交际能力的培养。实践证明，言语技能的训练不能自然生成交际能力；交际能力的形成除了语言因素外，还有社会文化能力、语境能力、行为能力等要素。因此，要想培养学生的交际能力，英语教学除了传授语言内容和进行言语技能训练外，还必须努力对学生进行跨文化条件下语言能力、语用能力等的专门培养和训练，以提高学生在特定的社会文化情境中的跨文化交流能力。

培养学生的跨文化交流能力是英语教学的最高目标。英语教学的过程实际上是一种文化适应的过程。一方面，它要求学生把目标语文化，也就是英语文化与自身现有知识进行等值条件下的转换，另一方面，又要无条件地但又积极地理解、吸收与本国文化不同的信息。由于英语与汉语的巨大差距，学习英语不可避免地遇到文化差异造成的障碍和困难。为了消除这种障碍，英语教学就必须强化文化教学，即在教学过程中，相应地进行英语语言文化教学。从英语教学的角度讲，教授语言知识和培养言语技能是前提、是基础，而跨文化交流能力的培养是前者的深化和提高；前者是手段，后者是目标。

七、迎合社会发展需要

在当今大时代背景下，国与国之间的交往日益频繁，这就要求高校学生应该努力学习语言与文化知识，获取语言与文化技能。世界是一个地球村，经济全球化使得交际呈现多样性，因此在英语教学中，教师除了让学生提升自身的语言能力，还应该提升自身的跨文化交际能力，应对交际中出现的各种变化。另外，随着多元社会的推进，要求交际者应该具备一定的合作能力与意识，无论是生活在怎样的文化背景中，都应该为社会的进步努力，树立自己的文化意识，用积极的心态认识世界。可见，英语教学中的跨文化交际教学将英语价值充分地体现出来，学生对跨文化交际知识的学习也与社会的发展相符，是中西方文化交流不断推进的必由之路。

第二节 大学英语课程设计的转变

一、改革课程设计的前提

在 20 世纪 80 年代，就有学者提倡专门用途英语的教学，然而直到现在，仍然收效甚微，困难重重。本书认为对大学英语课程设计进行改革应建立在以下三个前提之下。

（一）转变教学理念，肯定专门用途英语在大学英语教学中的重要性

蔡基刚指出，无论是 20 世纪 80 年代还是今天，关于大学英语的存在意义都有争议，即大学英语究竟是为提高学生的英语水平、人文素养，还是为帮助学生用英语从事专业学习而存在？他指出："这个问题由于涉及我国的政治理念、意识形态和教育体制，专门用途英语实践步履艰难，当专门用途英语在全球飞速发展，成为一种世界外语教学的普遍现象时，在中国却存在普遍的误解和偏见。"其实，早在 20 世纪 80 年代，上海的杨惠中、卢思源等前辈就力推过专门用途英语的教学，后来不了了之。近年来，由于受国外专门用途英语发展的影响以及我国经济发展的实际需要和学生英语水平的显著提高，各路学者纷纷意识到专门用途英语教学的重要性，不少学者甚至为此大声疾呼，如程雨民、章振邦、秦秀白、蔡基刚、杨惠中、卢思源、陆俭明等。

在《中国 ESP 研究》创刊研讨会上，许多学者提出了对专门用途英语发展的看法。北京外国语大学的文秋芳指出："专门用途英语对我国的国民经济发展有着重要的影响，学生学习通用英语是为了打好扎实的外语基础，而专门用途英语学习对学生今后的就业与职业发展有很大帮助。"华南理工大学的秦秀白认为："专门用途英语不是什么教学方法，而是英语教育的一种途径（approach），应该放在一个国家的语言政策层面予以考虑。"重庆大学的李红指出："虽然专门用途英语教学有很大需求，但是专门用途英语本身没有得到国家有关部门的重视。只有得到教育管理部门的认可，专门用途英语才会有广阔的发展空间。"山东大学的贾卫国建议："可以制定一个中国专门用途英语研究的战略发展规划，包括各类学校专门用途英语教学的基本状况和社会对专门用途英语的需求，根据学校规模、需求、生源等状况分类指导，分层次实施教学；可以制定宏观的指导性教学大纲，对教学目标、教学要求、课程设计和评价体系进行说明。”西安交通大学的杨瑞英指出：“专门用途英语和通用英语是相同的，只是程度不一样而已。由于中国教育的‘一刀切’，把专门用途英语砍掉了，只剩下了通用英语。”湖南师范大学的白解红也指出，“课程改革是重中之重”“课程设计、教学实践等都涉及政府部门，而我们的这些想法应该反映到政府教育部门”。

综合众多学者的意见，专门用途英语的教学满足新时代学生的学习需求，顺应社会对复合型人才的需要，对我国国民经济发展起着重要作用，大势所趋，势在必行。然而，发展专门用途英语教学，必须放到中国英语教学改革的大背景下来考虑，必须得到国家有关部门的重视和教育管理部门的认可，需要决策者们转变教学理念，肯定专门用途英语在大学英语教学中的重要性。

（二）遵循学习规律，平衡所需和所能，夯实语言基本功

对于高等院校的本科生来说，大一和大二是训练语言基本功的主要时期。这一时期的课程设置应以教授英语基础知识为主，主要教学任务也应该是教授英语基础知识和训练学生的英语基本技能，加强学生语言运用能力的培养，并注重学习方法的引导等。只有这样，学生才能更好地为更高一级的学习打下坚实的基础。因此，这一阶段应该以通用英语课程为主，以专门用途英语基础课程为辅。当学生进入三、四年级，教师可以适当增加视听、口语、阅读、写作、翻译、工具书使用等技能课程，这样能更好地体现专门用途英语的实践性和技能性的本质特征。

对当前许多院校的英语课程设计进行调查不难发现，目前很多院校的英语课程都面临着缩减学分、课时等问题，因而需要平衡考虑提升专门用途英语语言技能的需要和现实可能性间的关系问题，需要理清通用英语和专门用途英语的关系问题，需要协调好两者之间的课时比例等问题，力求做到循序渐进，切勿操之过急，让学生产生畏难心理。

（三）坚持开放性和包容性，切忌采取“一刀切”政策

尽管专门用途英语教学有其存在的必然性和迫切性，然而由于全国各类院校学生的英语掌握程度各不相同，不同行业对英语技能的需求侧重点也不一样，且每个学生都是带着自己特有的目的去学习英语，所以专门用途英语课程不适宜制定统一的国家标准和教学要求，也不能对所有的学习专门用途英语的学生在知识水平和英语技能方面提出相同的要求。故而，进行高等院校英语课程设计改革应坚持开放性和包容性的原则，不同的院校可以因地制宜、因材施教；不同的学习者可以根据自身英语水平和未来职业需求选择相应的课程。复旦大学招收的学生都具有较好的英语基础，因此该校率先开设了专门用途英语课程。但是，在课程选择上，他们充分尊重学生的意愿，通过学校提供课程服务，学生自己选择课程来满足学生不同的学习需求。因此，我们认为进行大学英语课程设计改革，应由国家和教育管理部门进行宏观指导，让学校自主进行课程设计，让学生自由选择修读课程，只有这样才能避免大学英语教学走入 20 世纪 80 年代“一刀切”的死胡同。除此之外，在改革大学英语课程设计过程中还应克服专业化、职业化的过度倾向，秉持提高学生在教学过程中的主体地位，充分调动学生作为学习主体的积极性，培养学生学习英语的兴趣，培养学生的良好性情，使其热爱生活和学习，并激发学生的创新意识。总之，改革大学英语课程设计应处于一种相对静态、绝对动态的情况，力求能通过改革课程设计来更好地为人才培养、专业建设开设局面，更好地满足社会在专用英语方面的人才需求。

二、专门用途英语课程设计的模式

目前，我国专门用途英语课程设计已经取得一定成效，下面以具有代表性的几所高校的课程设计和几位专家建议为例，供大家参考。

复旦大学在进行课程设计时，将专门用途英语课程加入大学英语的课程中。他们在进行英语课程设计时将其分成了多个模块，包括语言文化类课程、综合英语课程、专项语言技能课程和专门用途英语课程。复旦大学是一所综合性高等院校，主要以文科、理科和医学见长。目前，复旦大学为所有在校生开设了国际学术交流课程，为医科学生开设了医学英语课程，供所有医科学生修读。季佩英表示：“为理科和文科学生开设专门用途英语课程，难度比较大。我们正在探索中……”

香港大学面向非英语专业的学生开设了专门的学术英语课程，课程共有 42 门，课程的设计和教授主要由该校的语言教学中心负责。专门的学术英语课程主要包括法律英语、医学英语、工程英语、贸易英语、金融英语等。这些学术英语课程在设计时都是根据各个专业的实际情况，为了提高学生利用英语进行专业知识和学术交流能力及查阅文献等而设计的，课程教授的主要内容包括口头论述、论文和报告的撰写、专业知识的讨论策略等。

湖南师范大学的白解红建议：国内的重点高校，针对大一学生开设通用英语课程，大二学生可以开始专门用途英语课程的学习。地方性的高校需要先根据学生的现有英语水平对其进行分类，英语水平好的学生可以早一些接触专门用途英语课程，英语水平差的学生先进行通用英语课程的学习，待英语水平有所提高后，逐步把专门用途英语课程加进来。

湖南大学的肖云南提出“分层教育、分类指导”的建议。他指出：“部分学校由于重视四、六级考试而砍掉专业英语，也就是砍掉了专门用途英语教学，而高考省命题又导致学生英语水平参差不齐。大学英语课程满足不了部分非常优秀的学生，而部分语言水平相对较弱的学生因为意识到自己的落后反而努力学习，正因为有这种情况才应该开展分层教育、分类指导。”

福建师范大学的郭剑晶在《专门用途英语教学研究》一书中指出，英语教学要适应高等教育及经济社会快速发展的需要，就要真正转变教学观念，改革课程设计，不仅要科学地协调通用英语和专门用途英语教学的关系，还需在此基础上有目的地培养学生的某一两项特长，也就是“X”所代表的“听、说、读、写、译五项技能中的某一项或几项”。英语教学主要是为满足学习者职业需求的，而随着社会的发展，职业分工越来越细，不同职业对英语技能的要求不尽相同。有的职业看重读写技能，如外贸函电；有的侧重听说能力，如导游和商务接待等服务行业；而有的则侧重对阅读和写作能力的要求，如各行业的科研工作者。因此，她提出“EGP+ESP+X”的两阶段教学：第一阶段进行两个学期的通用英语教学；第二阶段以“ESP+X”为主，也进行两个学期。该模式兼具综合性、开放性、灵活性等特点，值得尝试。

第三节 教材使用与课程设计

一、大学英语教材的使用

教科书是知识和真理的体现，在教学中备受推崇。中国大学英语教学发展史上，教材的形式一直在变化。“教材”“教科书”和“课程材料”等术语经常出现在教学研究中。教材的概念从狭义上说指的是教科书。英语教材经历了从20世纪重视语法学习、课文分析的单一化传统学习方式到近几十年来由于计算机、多媒体等新技术发展所带来的多元化变迁。时至今日，大学英语教材包括学生用书、教师用书、配套电子课程材料。教材使用指的是教师和学习者在语言教学环境中（例如课堂教学期间）用教材参与教学和互动的方式。照本宣科的时代渐行渐远，使用教材来开展教学并不是一个简单的实施过程。教学被视为互动和动态的过程，教材使用包括阅读、解释、选择、修改，使书面材料中的思想生动起来。将教师使用课程资源视为一种设计活动并不是一个新概念。教师必须感知和解释现有的资源，评估课程设置，平衡各类约束条件，权衡并设计策略，所有这些都是为了追求他们的教学目标。“教学设计能力”来描述教师感知教学资源并利用它们来精心设计有效的教学计划，从而实现教学目标的能力。

教师的教学设计能力是指有效利用和转换现有课程资源的能力，以及为有效的教学而设计或者创造新材料的能力。确定了三种类型的教材使用：转让、改变和即兴创作，并提出了一个描述教师使用课程材料进行教学设计的能力框架：严格遵守教材的“转让”，适度修改教材以达到教学目标，在没有教材具体指导时教师自发地即兴创作。无论教师使用教材进行教学设计的程度如何，教学设计能力都代表了教师在感知情境、做出决定和执行计划方面的技能。将不同的使用模式编织在一起的技能，以及安排课堂设置的不同部分的技能，体现了教师的教学设计能力。描述了教师通过精心设计有效的教学计划，从而实现教学目标的方式和程度。

我国幅员辽阔，高校众多，各校师资水平、教学条件、生源情况、教学目标等差异很大。只使用一个教学大纲、一种课程模式、一套教材，显然是不切实际的。20 世纪 90 年代末开始，高校使用较多的教材主要是以下几种：

（1）应惠兰主编、浙江大学出版社出版的《新编大学英语》，该套教材首次提出了“以学生为中心”的教学模式，重视学生的需求，融语言技能与综合应用能力于一体，不仅给学生提供了最佳语言样本和有系统性、有针对性的语言实践活动，而且能开阔学生的视野、扩大知识面、提高文化素质。它是一套高起点的教材，适合英语基础很好的学生使用。

（2）由翟象俊、郑树棠、张增健主编的《21 世纪大学英语》，由复旦大学出版社、高等教育出版社联合出版。该套教材主要有三大特色：

第一，将传统教材的精读和泛读融合为读写教程：TextA 体现的是传统内容，故事生动，具有可思性、趣味性和知识性；TextB 的内容是对 TextA 的内容的补充延伸或是对立内容；TextC 是半泛读或快速阅读性的内容，也围绕一个话题展开。三篇课文从不同方面、不同体裁进行多方论证，阐述某一主题。同一题材的三篇课文确保了单词的高复现率和表达的多样性，也能深化学生对主题思想的认识，有效地把精读和泛读融合在一起，确保了一定的阅读量。

第二，每一单元前有以听、问的形式出现的关于课文内容的简短归纳。这样的编排不仅向学习者提供了综合性的语言输入，而且这种输入也考虑到了学生的实际需要，能够被学生理解。

第三，该教材的课文绝大多数选自 20 世纪八九十年代的英美报刊书籍，内容新，富有时代气息。其语言是规范、适用、易于交际的现代英语，其中不乏体现英美民族文化特点的文章，且大多与学生的经验相关。这样的选材有利于教师结合文化背景、文化蕴涵，采用多种多样的教学模式开展多边的语言活动。

该教材共四册，不分级，词汇量大，生词较多，每册均含超出大纲要求的 1000 ～ 2000 个词汇，适合英语基础较好的学生。

（3）《大学英语》（全新版）由季佩英、吴晓真主编。该套教材在材料安排上体现了“以学习者为中心”的原则，在课堂上注重学习者之间的互动，在课后注重学生自主学习能力的培养，其练习设计也尽可能采用互动式，增强了学生的参与意识。该套教材按主题安排单元内容，各教程互为一体，有很好的系统性，能使学生全面深入地获取并掌握与各主题有关的语言（如词汇）知识、文化知识及丰富的语言材料，有利于学生针对该主题充分进行语言综合能力的训练。该套教材起点较高，其词汇量起点定为 2300 个，比大纲规定的 1800 个超出 500 个，终点为 7000 个，而大纲规定为 5500 个，适合英语基础较好的学生。

《大学英语》第二次修订原则为：教材的定位不变。《大学英语》是综合教育型而非特殊目的型的教材，旨在帮助大学本科各专业学生进一步打下扎实的语言基础，因此选材原则不变。正因为《大学英语》是综合教育型的教材，所以选材必须做到题材广泛、体裁多样、语言规范，这样才有利于学生打好语言基础。选材还要遵循三性原则，即趣味性、知识性、可思性，以激发学生学习英语的兴趣。在更新课文时还要注意经典性与时尚性的融合，科普性与文学性的融合，使选文内容经得起时间考验，文字经得起反复咀嚼。这两个融合是教材可教性与可学性的保证，也是教材生命力之所在。第二次修订按照《课程要求》所提出的培养“英语综合应用能力”这一目标，着重考虑增强“听”与“说”的训练，提高“听”与“说”

尤其是“说”的要求，重视教材的思想性。

（4）郑树棠主编的《新视野大学英语》由外语教学与研究出版社出版，是教育部“新世纪网络课程建设工程”项目。该教材有三大特色：

第一，同步提供课本、光盘与网络课程，有助于教学内容的拓宽、“教”与“学”的观念转化和手段更新。既可以实现由教师现场指导的实时同步学习，也可以实现在教学计划指导下的非实时自学，还可以进行通过使用电子邮件、网上讨论区、网络通话等手段的小组合作型学习。

第二，对阅读课文的长度有适当的控制。《读写教程》一级的课文一般在700词左右，二级在800词左右，三四级在900词左右。快速阅读每篇300词左右。课文生词表后列出了生词总量、占课文的比率、四级和六级的词汇、超纲的词汇等，生词的总量控制在5%～7%。

第三，同步提供每级教材的试题库和测试工具，教师可根据教学进度和学生的学习情况灵活选用测试内容和测试时间。该教材起点较低，适合英语基础薄弱的学生。

我国近年来为非英语专业大学生编写的英语教材虽然编写体例不尽相同，但是它们有一个共同的特点，即每一册书都由一定数量的单元组成，每个单元又由正课文和数篇副课文或阅读理解文章组成。其课文主要来自书面语体的文章，这使得它们对学习者口语能力的提高帮助不大。

二、大学英语课程设计

大学英语课程设计主要是依据《大学英语课程教学要求》，然而作为政策指导的《大学英语课程教学要求》缺乏内在逻辑性，对大学英语课程的性质和要求没有严格的限定，影响了大学英语课程体系的建设。尽管近年来学界对大学英语课程体系研究取得了一定的成果，但在实践中许多高校仍然依循传统，忽视科学的课程理念，对社会以及学生的英语能力需求缺乏有效回应，教材设计、课时安排、教学内容、教学方法等比较陈旧。事实上，《大学英语课程教学要求》只是一种宏观政策指导，在具体设计课程时应该利用语言教学的研究成果进行具体指导，这就需要各个高校根据本校的具体情况而定，适时地做出相应的改变和调整。

当前，对于语言的性质和语言习得已有了大量的研究，这可以帮助选择教学内容以及教学顺序。关于如何促进总体学习以及特定语言学习也有很多研究，这可以指导大学英语学习的基本原则，例如，重复学习原则、深度处理材料原则、考虑个体差异原则、认知风格原则、学习态度原则和学习动机原则等，课程设计应该将这些学习原则与具体的课堂和课程设计联系起来。下面列出的 20 条原则可以帮助解决目前大学英语教学中存在的种种问题。

（一）有关大学英语教学内容以及呈现顺序有如下 8 条原则

（1）频率：语言课程必须通过收入语言中反复出现的项目，尽可能地覆盖语言的用法，使学生从他们的付出中得到最大的回报。在这个方面，便于学生的学习和理解，让学生能够尽快地学会学习和培养自主学习的能力。

（2）策略和自主：语言课程应该训练学生如何学习语言、如何监控并意识到自己的学习，这样他们才可以成为效率高的独立的学习者。方法很重要，只有为学生提供便利的学习方法，才能够为他们找到学习中高效的学习方法。

（3）间断性的复习：学生应该有间隔性复习的机会。掌握和了解复习的心得，是学生掌握一门语言的关键所在。

（4）语言体系：课程的语言焦点必须落在可以推广的项目上，这意味着省时省力。

（5）不断推进：语言课程应该不断地覆盖有用的语言项目、技能和策略。

（6）可教性：语言项目的教学应该考虑到语言项目如何排列才最有利，应该考虑到对学习者来说什么时间学习是最佳时机。

（7）学习负担：课程应该帮助学生最有效地利用先前的知识，减轻学生的学习负担。

（8）干扰：排列语言项目时要考虑到一起学习的项目应该彼此之间产生积极影响，避免相互干扰。

（二）具体的呈现格式有 10 条原则

（1）动机：要尽可能地让学生对语言学习充满兴趣，感到激动，使他意识到语言学习有价值。

（2）四方格：语言课程应该使意识的输入、语言的学习、意识的输出和语言交流活动大致平衡。

（3）可理解性输入：在听读方面应该有大量的有趣的可理解性输入活动。

（4）流利：语言课程应该提供各种活动帮助学生在输入和输出上运用已有知

识，增强他们的流利性。

（5）输出：应该鼓励督促学生就各类语言，进行口头表达和书面表达。

（6）有意识的学习：语言课程应该在语音系统、拼写、词汇、语法和语篇方面集中强化学习。

（7）在任务上花时间：应该花尽可能多的时间运用并聚焦第二语言。

（8）处理的深度：学习者应该尽可能地深度处理要学习的项目。

（9）融合性动机：语言课程应该设计得让学生对语言、语言使用者、教师教语言的技能，以及他们成功学习语言的机会都有着积极的态度。

（10）学习风格：学生应该有机会以最适合他们学习风格的方式处理学习。

（三）对于具体的课程监控和评价有 2 条原则

（1）持续的需求和环境分析：语言课程材料的选择、排序、呈现和评价应该基于对学习者、社会的需求、教学条件、时间，以及现有资源的仔细考虑。

（2）反馈：学习者应该得到有效的反馈，使他们能够提高运用语言的能力。

第四节 大学英语教学的策略和方法

一、大学英语教学的策略

（一）大学英语语法教学

为了让学生能完整地了解语法的基础知识，教师可以设法将语法内容进行适当的有机整合，在原理相通的情况下，删除一些琐碎的部分，采用联系、归纳、演绎、图示和对比等多种方法。例如：将主语从句、宾语从句及表语从句联系起来讲解，将定语从句和同位语从句一同加以讲解及区别，将动名词和现在分词进行比较，将过去分词与现在分词进行比较等。这样能使学生融会贯通，真正懂得语法知识的横向联系和它们之间的差异。

由于中英文的语法结构在某些地方的相似和不同之处比较多，因此，教师应时常对中英文的表达进行对比，以进一步加深学生的理解。如“公园里又建了一个游乐场”这个句子，学生很容易把作状语的“公园”误作为主语。只要经过分析，学生便能明白这实际上是属于主动形式、被动意义的结构，动作的执行者并没有出现，用英语表达时应采用被动语态。这时教师须向学生强调此类句式必须加上系动词作谓语方能成立。

语法在语言学习中既体现为语法知识条文的掌握，又体现为语言活动中语法结构应用能力的培养，也就是说学生是否学会在具体的语言环境中运用所学的知识获取有效信息，解决实际问题，是检验语法学习是否有效的标准。换言之，语法教学的重点是培养学生实际使用语法的能力。应用技能的掌握是靠大量的操练和运用而获得的。

（二）提高大学英语阅读教学策略

培养学生良好的阅读习惯。大学英语的教学目标是培养学生的综合应用能力，大学英语不仅仅是课程要求下的一门语言基础课，也是与世界沟通、了解世界文化的素质教育课，是一种语言工具。但是在传统的教学模式和应试教育双重背景下，多数学生的英语学习主要以学习语言知识点为主，忽视英语实际应用以及交际能力的培养和训练。阅读策略教学的最终目标是使学生能够管理、监控自己的阅读过程，自主学习。

优化大学英语教学的课程设置。在大学英语教学改革后，课程设置要把培养学生的自主学习能力和学习策略贯穿在教学的每个环节。阅读文章是为了快速、准确地获取信息。然而传统的教学模式在阅读中忽视阅读的速度和效率，单纯地求精、求准、求知识。在阅读策略的培训中，可以采取快速阅读的方式。快速阅读是学生培养英语思维习惯和获取知识的重要途径。文章内容的概括性陈述一般都在标题、开始段、结束段、每段的段首句和结尾句，通过快速阅读这些来确定是否需要进一步地仔细阅读。

课堂教学与课后指导相结合。课堂上对阅读策略进行分析和教学是对学生的阅读策略的有意识培养。要想提高学生的阅读策略，仅仅依靠老师课堂上的讲解和训练是远远不够的，最重要的是自己要有对阅读策略的管理和监控。要锻炼学生在平时的英文阅读中有意识地练习使用阅读策略，在老师悉心的指导下逐步将阅读策略内化为自己的东西。培养学生的课外阅读策略的能力更需要老师的用心辅导，要调动起学生学习英语的积极性，通过他们相关的兴趣爱好引导学生英语阅读。

（三）大学英语写作教学的思考及策略

加强对写作过程的指导。教师在给学生布置写作任务时要提前想好三两个作文题目，然后进行甄别筛选，决定最佳题目。在做决定时要针对学生的实际情况做全方位的思考，既要考虑到学生的实际英语表达能力，又要考虑到学生的表达兴趣等因素。作文任务可以采用多种形式，可以让学生写一篇命题作文，也可以由教师为学生提供合适的读物，读完之后让学生写读后感，还可以给学生提供一篇故事，抹去故事的结尾让学生续写。这样不但可以给学生自由发挥写作的空间，而且可以由于作文任务的不断翻新而避免枯燥乏味，在最大程度上激发学生的英语写作兴趣。

改变原有教学模式，有计划、系统地从词汇、语法、篇章等几个方面，培养学生的写作能力，提升学生的作文水平。词汇教学的内容应该是由宽度转向宽度加深度，由语义转向语义加语用，由重语言转向语言与文化并举，由考试型知识的传授转向能力型知识的发展。对于写作来说，习得词汇比学得词汇更重要，习得词汇本身是无意识的词汇积累过程，教师应多鼓励学生进行课外阅读，以增加习得词汇。其次，英语语法教学也应该从基本的句内语法过渡到句间语法和篇章语法，并多涉及英汉句式的对比分析，使学生的注意力从原来分散记忆一些语法条框转向学习英汉表达的区别，并通过鼓励学生多读原著读物使他们熟悉地道的英文表达方式。

引导学生采用正确的学习策略。只有经过量的积累才能达到质的变化。因此，要想提高写作水平就必须勤写多练。教师在教学过程中，应鼓励学生对写作形成积极的态度，使学生在写的过程中学习写作，在与教师、同学讨论的过程中提高写作技能。在初稿完成后可以将评改的基本方法告诉学生，并组织学生交换初稿进行互评，教师应及时归纳典型语法和中式英语的错误，并讲解纠正和避免错误的方法等，使学生对写作有一个全面的认识。一分耕耘一分收获。要想提高学生的英语写作水平，需要从不同角度，不同方面去培养，这是一项长期、艰巨的教学过程，还有待于今后不断地发展成熟。

二、大学英语教学的方法

（一）交际法

交际法是一种以交际能力为核心的教学方法。教师注重培养学生的语言交际能力，强调真实语境的运用，鼓励学生进行实际对话和交流。这种方法注重培养学生的听说能力，提高他们的语言运用能力。在教学中，教师可以设计各种情境，让学生进行对话和交流，同时注重纠正学生的语法和发音错误。

（二）任务型教学法

任务型教学法侧重于为学生提供实际的语言应用任务。教师会给学生一项任务，要求他们使用英语完成。这种方法注重学生的主动参与和合作能力培养，激发学生学习兴趣。任务可以是真实的场景或情境，例如学生分组进行辩论或角色扮演。这样的任务有助于学生将语言运用到实际生活中，并提高他们的语言表达能力。

（三）课堂互动教学法

课堂互动教学法通过师生互动来促进学习。教师不再是传统的讲课者，而是引导学生进行讨论和思考的角色。在课堂上，教师可以提出问题，鼓励学生进行回答和讨论。学生也可以提出问题，与教师和其他同学进行讨论交流。这种互动可以增强学生的思维能力和表达能力，激发他们的学习热情。

（四）多媒体教学法

多媒体教学法借助现代技术设备，如投影仪、电脑等，将图像、声音和文字等多种信息形式结合起来进行教学。教师可以利用多媒体资源展示丰富的教学内容，如图片、视频、音频等，使学生更加直观地理解和掌握知识。此外，多媒体教学法还可以激发学生的兴趣、提高课堂效果，并培养学生运用技术进行英语学习的能力。

（五）个性化教学法

个性化教学法注重因材施教，根据学生的不同水平、学习风格和需求，采取相应的教学策略和手段。教师可以通过分层次教学、个人辅导、自主学习等方式，满足学生的个性化学习需求，让每个学生在适合自己的环境中掌握英语知识。这种方法能够更好地关注学生的发展和进步。

综上所述，大学英语教学方法有很多种选择，每一种方法都有其独特的特点和优势。教师可以根据自己的教学目标和学生的需求，灵活运用这些方法，提高教学效果，促进学生的英语学习和发展。

（六）四个学期，运用不同的教学法

如何才能以最有效的方式来培养学生的英语交际能力呢？在教学实践中，我深深体会到：仅仅严格要求、认真负责是远远不够的，必须注重教学效果，而教学效果的体现要付出辛勤的劳动，要踏踏实实地进行教学研究。根据学生的年龄和心理特点以及实际水平、学习方法和学习兴趣等，创造性地灵活使用教材，以学生如何学为着眼点，制定不同的教学方法。

针对刚进校的一年级大学生，我们可以采用传统的语法、词汇、翻译教学方法，适当地讲解一些新语法，帮助学生复习已经学过的旧的语法知识；同时，应大量讲解单词的构词法，帮助学生记住每一课的生词；还要纠正那些发音不正确的学生的发音。

进入第二学期，多数学生已经适应大学里的生活了，上课之前要预习，课后要复习。而这时教大学英语的老师可以适当增加一些阅读技巧和写作技能的训练。阅读能力的培养在大学英语教学中一向被置于非常重要的地位，事实上，大学英语四、六级考试中阅读理解也占相当大的比重。

进入第三学期，这时，老师就要减少写作的讲解和训练，同时对语篇分析的力度也变小，而注意讲解英语修辞的运用，让学生注意英语语言的优美，注意英美等外国国家的文化背景知识、风土人情习惯。而学生将承担更多的学习责任，让学生对文章进行一些篇章分析的训练，同时，还要求学生课下准备一些谚语、笑话等等比较简单且又能激发学生兴趣的英语材料到课堂上表演，为以后的英语交际打下基础。教师在课堂上的角色也逐渐改变，要从知识提供者转变成学习顾问。但是，教师不是旁观者，教师的任务不是轻了，而是更重了。他是课堂活动的组织者与管理者，既要放手让学生自己解决问题，又要适时地向学生提供学习资料，起到学习资源提供者的作用，以培养学生自主学习为主的课堂氛围。

进入第四学期，可以说，这是一个收获的时期，一个各方面都日渐成熟、完美的时期。这时候，多数认真好学的学生都能够分析英语文章的篇章结构，欣赏文章的优美语言，了解文章的写作技巧，掌握了大部分的阅读技能，能够用英语就自己熟悉的事物进行交流，能够用英语写出一篇中心突出、条理清晰的短文来，而他们也能顺利通过第四学期的四级考试了，我们的目的也就达到了。这时候，可以将课堂教学的中心由教师转向学生，要求学生学会自主学习、学会自我监控、学会自我评价，从而形成自主发展的学习习惯和学习策略。如独立学习、语言意识、自我导学和自学。因此，教师要善于引导学生主动学习，使他们堂内堂外都能猎取丰富的英语知识。这样，即使在没有外语老师的教育指导下，他们也能继续学习外语。同时，高校外语教学的目的是使学生最终能以英语为工具阅读国外各类参考文献，获取先进的科技信息并参与国际交流，因此，学生必须培养自己的外语翻译能力。而培养外语翻译能力要求学生调动其全部潜能，包括语言能力和非语言能力。语言能力指英汉两种语言的词汇、语法、语义、语篇知识等；非语言能力指背景知识、相关专业知识、逻辑分析、归纳推理的能力等。在当前大学英语教学当中，非常重视英语阅读能力的培养。各种段落和句子，要求学生口头翻译或课后笔译。而学生要翻译句子就得了解全文内容，要熟悉所译句子的句法结构、句法逻辑，把握词法语义、词语修辞及行文风格等等。这样学生在翻译过程中才能进一步巩固所学的语言知识，扩大知识面，提高学生对篇章的准确理解能力。在口语教学当中，采用翻译法引导学生说英文的方法，当场就能检验语言的使用效果，找出学生口语当中典型的中文式英语，进行评讲，当堂纠错，避免再出现类似的错误。这样的教学给予了学生大量的实践机会，锻炼了学生准确运用语言的能力。

第三章 大学英语教学中的文化意识策略

第一节 跨文化教学与文化交流

一、大学英语跨文化教学

（一）我国大学英语跨文化教学的现状

在理论上，我国外语教学界已经普遍认识到外语教学中文化教学的重要性，而实际教学运行上，教学的现状仍不容乐观。跟踪调查大学生毕业后英语运用方面的工作表现，能够胜任外事交流需要的学生极少。原因在于他们对异国语言文化缺乏了解和理解，不懂得目的语言的使用规则，交际中常常发生误会，造成严重后果。这种现象表明，我国的大学英语跨文化教学现状不容乐观。

大学英语是高等院校的必修课，各个院校都在大学英语教学上投入了大量时间，大量的人力、物力。然而，即使是四、六级成绩优异的学生也不见得能流利、得体地使用英语进行交际，这实在是件令人尴尬的事情。其原因在于：大部分课堂上英语教师仍在沿用传统的教学方法，教师讲，学生听，缺少学生参与互动。学生对于英语国家的文化知识知之甚少。教师和学生都在纯粹为学语言而学语言。语言学习与文化学习被剥离开来。师生互动不足，素质教育大多停留在理论上。在英语已经成为世界通用语，国际竞争日趋激烈的 21 世纪，文化成为交流必不可少的、重要的因素。但是，大学英语教学实际上较少涉及文化教学。据研究调查统计，教育部高等教育司颁布的《大学英语课程教学要求》中提出了跨文化交际方面的内容要求，受试教师中只有 13.9%“非常了解”，另外 13.9%“根本不了解”，72.2%“略有了解”。教师对该要求的了解程度表明他们对跨文化教学缺乏应有的了解与认识。

结合其他统计资料，可以看出，我国大学英语教学的现状是：第一，教师只是注重课本知识，忽视了对学生进行西方文化学习的引导和指导；第二，大学英语教学模式与教学方法过于陈旧，教学内容不能与时俱进；第三，大学英语教师的专业知识和文化素养有待提高。总之，大学英语教学不应该只是简单的语言学习，跨文化学习也不仅仅是在英语语言的学习中融入文化的影响，而是要在深厚的中华文化的基础之上，采用对比分析等方法宽容、敏感地深刻理解目的语文化。

（二）大学英语跨文化教学中的问题

回顾我国过去几十年外语教学的理论和实践，不难看出，它基本上是围绕着语言知识教学、词语分析、语法讲解、句型操练这样一条主线进行的，而对语言外或超语言的文化因素却没有给予足够的重视。这在一定程度上是由于人们受到“语言工具论”思想认识的影响，习惯把语言仅作为一种符号来进行传授。在这种轻文化重语言的外语教学思想的背景下，大学英语教学一直把培养学生的“纯语言能力”作为主要的教学目标。

课堂上大多数教学只是停留在语言本身，忽略了与语言使用密切相关的文化因素。大学英语跨文化教学的有效实施并没有真正得到落实。教师和学生认识上的差距，教学目标、教学内容的制约等因素，使得跨文化外语教学效果不尽如人意且随处可见。调查结果显示，95.5%的学生跨文化技能成绩在良好以下，超出半数的学生跨文化交际能力测试成绩没有达到及格线，这说明学生的跨文化技能与跨文化交际能力普遍很低。下面我们就具体分析跨文化教学中存在的现实问题。

1.跨文化教学缺乏理论支持

具有中国特色的外语教学理论体系有待加强；有关教育行政管理部门、从业人员还存在轻视外语教学理论指导作用的现象；有些课程标准的设计、教材的编写、评估标准的设定往往缺乏科学的理论指导；有关的英语教学文件和大纲对文化教学标准、内容、方法和测试与评价缺乏系统论述，距离真正的跨文化教学相去甚远。

2.教师自身问题亟待解决

教师对外语文化教学的不同理解，都与其具体的文化教学行为（如教学内容、教学方法的选择）有直接的关系。在具体的教学实践中，教师应有意把文化信息的渗透与语言技能的教学紧密地结合在一起，在帮助学生学习和掌握语言技能的同时，还应积极地引导学生自觉了解和适应目的语文化，培养学生对目的语文化的敏感性和洞察力。

外语师资质量无疑是外语教学质量的保障。在目前我国英语教学的社会环境条件下，学生通过英语教师获得英语能力是其英语学习的主要的途径，有时甚至是唯一的途径。所以，外语教学不同于其他学科的教学，外语师资的质量在很大程度上决定了外语教学的质量。就英语教师目前的状况而论，无论是专业水平，包括语言知识、语言应用技能、跨文化交际理论和教学法知识等，还是教学理念和教育观念，都不能适应现代外语教学的要求。因此，提高英语教师整体素质刻不容缓。

3. 跨文化内容在英语教材中呈现薄弱

跨文化意识和跨文化交际能力的培养不仅需要学习者在本族文化和目的文化之间建立起一种相互比较、相互对照的关系。在以英语作为国际通用语进行教学的情况下，让学习者接触和了解其他文化更加必要。遗憾的是，现有英语教材中跨文化内容薄弱，更不用说将文化普遍规律和培养跨文化意识及能力的内容和活动列入教材。没有充足、令人较为满意的文化教学材料是我国大学英语跨文化教学中的突出问题之一。教材成为教师教学和学生学习的主要依据和向导，更是中国学生的依靠，解决现有教材存在的问题是实现跨文化外语教学目标的关键。

教学以教材为主，教材中文化内容的比重必然会影响教师的文化教学。目前外语教材呈现下述特点：

（1）我国目前使用的英语教材中的文化教学内容的组织编排缺乏系统性，辅助文化教学材料如系列文化导入教材、相关的有声资料、参考资料在中国市场上也不多见。词典等参考资料上，文化释义呈现不足。

（2）教材中有关中国传统文化的内容极为少见，严重影响了学生文化平等意识的建立和文化鉴别能力的提高，也势必影响中国传统文化的世界传播。

（3）教材中说明性和科技性较强的文章所占比重较大，涉及英语文化，尤其是关于英语国家精神层面的文化材料，如价值观、思维模式、民族心理、伦理道德等较少。学生对异族文化的行为准则缺乏了解，必然会影响跨文化交际能力的培养。

（4）文化内容与语言内容有机结合的教材较少。大学英语所使用的教材大都突出语言能力的培养，相关文化背景知识通常让学生课前或课后自己阅读。以文化为基础的语言教材在我国极为少见，即使有，也因为教材所设计的教学活动以语言学习为主，而使文化教学的价值大打折扣。

虽然为了达到外语交际的目的，各种各类的外语教材都在努力以功能或情景为主线将异族文化信息加以呈现。但“这种旅游式的文化内容”呈现在广度上和深度上都必定有限。旅游者通常只触及文化冰山的一角，没有文化冲撞的体验，就无法培养学生对其他文化积极的态度和文化相对论的思想，是满足不了跨文化外语教学需要的。学习者只有了解目的文化的各个方面、各个层次，并不断反思本族文化，才能实现提高跨文化交际能力这一教学目标。肤浅、狭隘的文化介绍反而可能会加深学习者对目的文化的成见，加重他们的民族中心主义思想。

4. 传统文化价值缺失

刘长江指出，我国外语文化教学要特别注意两个方面：①加强目的语文化和母语文化的学习；②注重学习以目的语表达目的语文化和母语文化。因为在21世纪文化的交流是双向的，外语学习的目的是为了实现“双语文化的交叉交际”。如果对文化缺乏了解，或因为不会使用外语进行文化表述，这种交际就会出现失误甚至中断。

近几年目的语文化教学在众多高校的跨文化教学中占据主导地位，目的语文化、目的语传统习俗和交际技巧不同程度地得到传播和学习，但却忽略了自身的母语文化和母语文化正迁移的作用和意义。这种跨文化教学模式使跨文化交流的双方失去了平衡。在跨文化交际过程中，人们要相互交流、彼此理解、互相影响。交流也意味着吸收和传播，只吸收，不传播，就不是真正意义上的跨文化交际。

因此，要客观辩证地评判异国文化，正确地欣赏和理解文化。单一地吸收和肯定或否定的态度都是不可取的。只有在正确的价值观和世界观的指导下，在深厚本土文化的基础之上学习、体验、对比、鉴别母语文化与目的语文化，才能正确理解、评判异国文化，才能实现真正意义上的跨文化双向交流。

5. 学生层面问题

在外语教学中，教师是教学的主导，起着引导、指导的作用，而学生是学习的主体，在众多影响外语学习的因素中，学生是事关外语教学效果的内因，是学习成败的决定因素。学生的学习态度和动机决定了学生是否有积极的学习行为。

那么，我国大学生对跨文化学习的认识、态度与行为又如何呢？

第一，学生对文化的认识停留在表面层次，对文化的定义和内涵缺乏真正的了解和理解。

第二，学生对文化学习的概念模糊不清。学生对文化学习的重要性并不真正十分明确，对文化学习的兴趣与态度没有形成统一的认识。

第三，英语学习的目的受功利因素影响很大。学生对于英语文化的学习很被动，相当一部分学生学习英语是为了应付考试和为出国创造条件，并不是日常生活的积累或者兴趣使然。

第四，学生学习缺乏主动性、自觉性，不能正确对待文化之间的差异，缺乏跨文化交际意识，不能主动自觉地接近、了解异域文化。

第五，学生不能正确处理语言学习与文化学习的关系。学生对跨文化交际不够了解，不能够摆正语言学习与文化学习之间的正确关系。

（三）大学英语跨文化教学问题成因分析

我们发现大学英语教师和学生对跨文化教学的重要性认识不够，教师的跨文化交际能力与跨文化教学方法方面存在很大问题。在实际教学中，教师们很少、甚至有的教师基本不涉及文化内容。随着我国综合国力和国际地位的提高，我们国家的国际交流与对外宣传工作日益广泛，国际交流中用英语来表达的需求越来越迫切。而大学英语跨文化教学问题重重，已经严重影响了我国对外交流政策的有效实施，必须引起高度重视，深入挖掘现存问题的根源，认真分析研究，找出症结所在，从根本上解决跨文化教学中存在的问题，促进跨文化外语教学的深入有效的开展。

1. 从外语教学层面分析

（1）教学理念偏颇：随着跨文化交际的发展，我国跨文化外语教学的重要意义越来越受到更多人的关注，有关跨文化教学的理论研究和实践探索也得以日益丰富。但由于世界各国跨文化教育发展的基础和环境不尽相同，与欧美国家相比，我国跨文化外语教学研究和实践才刚刚起步，在研究深度、广度和系统性上明显不足。

（2）文化教学严重缺失：我国外语教学的重点长时期以来始终放在对语音、语法、词汇的讲解、句法与语篇结构分析等语言知识体系方面的知识传授上，各种评估与测试也都相应地以此为中心进行。由于受许多语言学理论如传统语言学、结构语言学、转换生成语言学等的影响，我国大学英语教学界也把语言本身作为自己的研究对象，认为培养和提高语言能力就是大学英语教学的终极目标，因此确定了语言知识体系教学的培养模式。而文化知识的传授和文化能力的培养没有引起足够的重视。社会文化因素与语言运用的得体性、有效性被忽略。语言形式内的文化内涵得不到挖掘，交际规则得不到运用，自然也就无法促使学生语言交际能力的提高，英语教学的目标实难实现。

（3）内容选择失衡，中国传统文化教育欠缺：外语教学大纲只设有词汇表、语法项目表、功能意念表以及语言技能表等项内容，是外语教学与测试的主要内容依据，但其中却没有文化项目表，没有对文化教学内容和文化测试做出规定、提供依据。这使外语教学内容的选择受到了很大影响。也因此，外语教学中语言教学长期独霸一方，文化教学长期被忽视、受冷落。

2. 教学目标模糊不清

2007 年教育部颁布的《大学英语课程教学要求》在教学目标、内容、方法、模式、手段、考评以及水平定位等方面与以前的教学大纲相比有了较大的变化。《大学英语课程教学要求》指出大学英语教学应以培养学生的英语综合应用能力为目标，使学生能够在今后的学习、工作和社会交往中使用英语有效地进行交际，但对“学生的英语综合应用能力”要达到什么程度，怎样才算是“有效地进行交际”并没有明确的阐释，而只是一个比较模糊的描述。

3. 教学方法滞后，策略运用不合理

（1）教学方法陈旧，不能灵活、有效地运用各种外语教学方法实施跨文化教学。教学方法上存在着模式单一的问题。教学中，学生的主体作用和学生自主学习的程度呈现不够，学生合作学习的能力不强，很大程度上还停留在教师讲、学生听，教师放、学生看的层面。课内教学向课外延伸的语言交际活动开展不足。

（2）教学策略不合理，教师不能够成功地把最有效的学习策略、学习方法传授给学生是教学策略不合理的一个突出表现。Oxford 指出，如果学习者采取的行为或行动能够使他的语言学习更加成功、更加具有目的性，让他感觉更愉快，那么这种行为或行动就被称为“语言学习策略”（Language Learning Strategies）。

Oxford 把学习策略分为两大类、六小类：两大类包括直接策略和间接策略。直接策略又可分为记忆策略、认知策略和补偿策略；间接策略可以分为元认知策略、情感策略和社交策略。教会学生掌握良好的学习方法、培养学生养成良好的学习习惯、掌握卓有成效的学习策略是使学生学会学习、提高学习效率、提高教学质量的关键。有研究表明，成功的学习者都善于运用和总结各种学习策略。而调查实际表明，能够较好地运用学习策略的学生并不在多数，很多学生并不知道什么样的学习策略能够帮助他们学习，因此他们的学习效率很低，这也从另一个侧面说明教师在这一方面的传授和渗透非常少。

4.语言环境与交际场景匮乏

文化学习环境包括自然环境和构建环境两种。前者指的是学习者目前所处的社会大环境，后者一般指的是学习者接受教育的课堂小环境。众所周知，英语教学有 ESL（英语作为第二语言）和 EFL（英语作为外语）之分，两者的主要区别在于语言环境的不同。ESL 指的是在目的语言、社会和文化环境中的英语学习，如亚非移民在美国学英语，学习者周围有众多使用该语的本族语使用者。因此学习者除了课堂英语学习之外，还可以通过新闻媒介、官方文件和广告等形式接触目的语言和文化。然而，EFL 的学习者很难有这样的语言环境，他们主要以课堂学习为主要渠道。这两种社会文化环境对于学习者的语言和文化输入量以及学习动机都有很大的影响。首先，在两种社会文化环境中，语言和文化输入量有着明显的差别，而语言和文化输入量的多少又直接关系到学习者文化学习的效果。

ESL 为学习者提供了极好的文化体验和实践环境，有利于学习者从情感上习惯和接受文化差异，从目的语文化价值观的角度去理解目的语文化行为，学习者能够在认知、情感和行为各个层面获得全面发展。相对而言，EFL 只能通过角色表演、案例教学等手段来提高学习者的跨文化敏感性。此外，在两种社会文化环境中学习目的语文化，学习者的动机也有显著的差异。在 ESL 环境中，学习者为了适应主流文化，更好地与人相处，乃至更快地融入主流社会，他们都会利用各种机会学习目的语文化，学习效果显著。而在 EFL 环境中，由于缺少实践机会，学习者学习目的语文化的动力明显不足，效果也不显著。

许多研究表明，由于缺乏真实性，教室环境对于文化学习存在很多的局限性。教室环境是一个非自然的社区环境，因此“基于教室的学习在本质上属于认知和推理层面的学习，无法深入到文化知识根基里去”，其仅仅“有益于对规则的学习，但无助于语言和文化的习得”。在具体实践中，笔者认为利用多媒体和网络的虚拟真实环境可以弥补教室环境文化真实性的不足。网络环境下的文化学习，有利于学习者学习主体的发挥，最大限度地实现网络环境与课堂教学模式的有机结合。同时通过网络链接或运用新闻报道、电影、录像、光盘等真实材料把目的语国家活生生的文化带进语言教室，增强了教室环境的交互性与真实性，有效地激活了学生大脑中已有知识的图式结构，整合了他们所具有的多种知识和技能，促进了学生对所学文化知识的意义建构。

语言环境在外语学习过程中起着至关重要的作用，是对外语学习产生非常重要影响的一个关键因素。英语学习是人们在一定的语境下，通过口语或书面语相互交际的过程，它是在一定言语使用区域中进行的，绝不是一个孤立的学习过程。语言需要在适当的语言环境中被操练和运用，用得多了，用得熟练了，自然而然就被掌握了。没有恰当、合适的语言环境，任何语言学习者都不可能学好语言，因为他无法把所学语言与实际语言交际场景结合起来。得不到实际应用的检验，所学语言就不能生动起来，不能适应灵活多变的语言环境。在中国的英语教学中，教师与学生所处的正是这样一种“不能生动起来”的语言环境，教师不是真正意义上的“English speakers”，课堂内外教师与学生共有、共用的是同一种文化和语言，使用英语的机会非常之少。除了课堂上使用英语，有点儿英语学习的氛围之外，其他时间里，就很难感受到英语学习的气息了，学校和英语教师也没有什么好的办法在汉语环境里为学生创造较好的英语学习环境。从对教师的访谈中，我们了解到除个别教师由于工作关系与外教接触较多外，其他教师很少有与母语为英语的人进行交际的机会，学生则更是如此。由于缺乏学习英语的语言环境，学生的学习兴趣无法被充分地激发出来。

5.应试教育普遍存在，素质教育推行不够

在我国现行的教育体制中，一直存在着两种声音：应试教育与素质教育。长久以来，人们为这两种声音争论不休。尽管大家都知道素质教育事关全民整体素质的提高，但总体来说，应试教育仍占上风。

（1）应试教育普遍存在，应试教育在我国的教育体制中由来已久，是一种以考试为目标的教育方式。在其引导下，教学过程往往围绕着试题的内容与形式来进行，学校、教师与学生都在为得到高分和好的名次而努力。在应试教育的影响下，英语教学的内容以及教学各环节的安排，都以考试为中心。这就使得教学过程形成了一种模式，即教师成为教学的主体，负责讲授，学生则成了被动的接受者坐在了听众的位子上。教师大信息量的灌输都是围绕考试内容进行的，完全忽略了学生英语交际能力的培养。

（2）素质教育推行力度不够，素质教育是一种以素质为导向的教育方式，它以学生为主体，以促进学生身心发展为目标，以训练和培养能力为主要教学任务，充分调动学生学习积极性和主动性。素质教育与应试教育有着本质的不同。大学英语素质教育一直努力在教学目标、教学内容、教学方式上进行改革，从以教师为中心转向以学生为主体，从注重学生分数的提高到加强学生的思想道德修养、从注重语言知识的传授转向加大文化知识学习的力度，注重培养学生的英语交际能力，以此来改变应试教育的种种弊端，但收效并不大，应试教育仍占上风。

（四）从跨文化交际层面分析

来自不同文化背景的交际者在进行交际时，其不同的文化、不同的思维模式、不同的价值观念使得他们的交流、沟通难以产生统一、共鸣，还有可能导致交际的失败。跨文化交际所具有的与同文化内交际所不同的特点，势必要给外语教学带来巨大的影响。

1. 对中英文化差异缺乏了解和理解

英国文化学者伯克曾告诫我们，不同文化相遇时，每种文化都可能会对其他文化的形象形成一种固定程式（stereotype）。该程式本身可能无可厚非，但它常常会对某些事实特征夸大其词，同时又全然忽略其他另外一些特征。由于这一模式被用于相互之间差异很大的文化状况，结果是不可避免地或多或少会缺乏细致周到而与事实真相有某些出入。

在我国，大学生进入大学之前一直在接受中国传统文化的教育，他们的思维方式、行为准则、道德规范等方面都已形成某种定式。大学生活开始后，面对开放的社会文化生活环境，西方文化的大量引入，西方文化、思想和价值观念冲击着大学生已有的文化定式。对文化差异缺乏了解和理解而产生的文化冲突会使大学生在进行跨文化交流时遇到各种矛盾和问题，导致不能顺利进行跨文化交际。

所以说，社会文化方面的知识和能力欠缺直接影响跨文化交流能力的提高。语言能力不足会影响跨文化交流的进行，而社会文化能力的不足则会使跨文化交际发生障碍甚至冲突。

大学生的价值观虽已形成一定的定式，但还不够完整，文化差异与冲突会对学生完整的价值观、世界观的形成产生很大影响。因此，外语教学要从跨文化视角客观公正地对待文化差异，在加强学生语言能力培养的同时，加强学生社会文化能力的培养，帮助学生正确对待文化差异与冲突，形成良好的世界观与价值观。

2.受中西思维方式差异的影响

不同的民族以其特有的历史背景和文化传统生活在各自不同的地理环境中，自然形成其不同于他族的思维方式。不同民族的思维方式，必然显现不同的民族特征、时代特征、区域特征和社会特征;其风俗习惯与文化传统也不同于其他民族。思维方式在语言与文化之间起着纽带连接的作用。思维方式集民族文化心理诸特征于一体，又对文化心理诸要素起着制约的作用。思维方式在民族文化的各个领域，如物质文化、精神文化、制度文化、行为文化等各个方面均有体现。不同民族思维方式上的差异，造成了民族间文化的差异。作为思维的主要工具和构成要素，语言对思维方式的形成和发展起着积极的促进作用。语言是思维的表现形式。语言差异的存在应归因于不同民族思维方式的不同。因此，对于语言和文化密切相关的思维方式的研究是语言与文化差异研究的前提与基础。英语民族和汉语民族思维差异的不同自然会产生文化上的差异，影响跨文化交际的进行。中国学生常常会忽视中西方文化差异的存在，把中国式的思维直接带到英语表达中去，迫使交际对方以与自己相同的方式进行思维。在观察其他文化时，中国学生又会以本族文化模式来理解和解释异族的文化行为。正是由于这种错误的认知，导致了跨文化交际中的歧义和误解，在特定的语境下则可能诱发深度的文化对立，给跨文化交流带来诸多不便。

3.受中西方价值观差异的影响

价值观是一种影响人们对行动模式、方式和目的做出选择的特有的显性或隐性的观念。价值观是跨文化交际的核心，不理解价值观方面的差异就不能真正理解跨文化交际。若忽视价值观念在交际中的潜在影响，就会造成交际障碍。在同文化内的交流中，在衡量对方的言行时，人们大多会采用规范的价值标准。不同的文化有着各自不同的规范价值标准，这些价值标准在其本族内很适用，却不适用于其他社会群体。因而，这些价值观在跨文化交流中，不具备统一、维系的作用。每个文化群体都有权决定和保留自己的生活方式和文化传统，都有权保持自己的文化特色。人们在跨文化交际中发生障碍和冲突不是因为不能接受对方，而是因为对彼此的价值观念不够理解和认同，而引起理解偏误。这种偏误未必引起激烈的利益冲突，但在特定的语境下却会产生深刻的文化对立。可见，东西方价值观的差异也会给我国外语教学带来影响。跨文化交际中，语言方面的错误可以得到容忍和谅解，而违反交际的准则无视东西方价值观差异的存在却会被看作是举止不雅，有失礼貌。语言的许多方面都会体现东西方价值观的差异，这是跨文化交际存在障碍的一个重要原因，也是跨文化外语教学不能忽略的一个重要方面。

（五）大学英语跨文化教学的基本策略

跨文化教学是大学外语教学改革的重要途径，实施怎样的教学策略是能否有效进行大学英语跨文化教学的关键环节。

1. 增强大学英语教师的跨文化教学意识

跨文化意识是指人们对影响自身行为和观念的自身文化和其他文化的理解。教师是大学英语跨文化教学中的关键角色，要不断更新自己的教育理念，增强跨文化教学意识，适应我国社会和高等教育发展的需要。教师是学生获取文化信息的最重要源泉，教师的知识结构、教师对文化和文化教学的态度都关系到文化教学的成功与否。有效开展大学英语跨文化教学，对大学英语教师有了进一步要求，要比较全面地了解文化概念，如一个国家的历史、地理、政治等易于观察的文化现象和价值观念，宗教信仰等不易直接观察的文化现象；要透彻全面地理解跨文化教学的目的和意义，更新自己的教育理念，认识到大学英语教学不仅要培养具有英语学习能力的人才，还要培养有着一定跨文化交际能力的精通英语的人才；大学英语教学过程中，语言教学受到重视，跨文化教学往往处于依附于语言教学的地位，在语言教学的过程中有意识、有计划地进行跨文化教学，教师不仅要将自己感兴趣、经历过的文化知识讲授给学生，还要把更多自己没有经历过或者不感兴趣的文化知识讲给学生。

2. 培养大学生跨文化学习意识

大学英语跨文化教学的一个重要策略，是增强大学生跨文化学习意识，因为大学英语跨文化教学中，学生是跨文化教学的主体。“文化意识的教育应该涉及两种观点，使学生同时成为研究者和被研究者，让他们通过比较获得一种视野。在从两个角度进行比较的过程中学生获得了跨文化能力。”在课堂教学过程中，教师要始终贯穿跨文化教育内容，改变以往教学过程中只注重讲解语言知识点的做法，在进行汉英两种语言和文化对比的过程中，创设一种跨文化学习情境，在这种情境下，通过学习诸如听说、阅读、词汇、语法、写作、翻译等相关知识，不断研究英汉不同的文化内涵、文化现象，学生逐渐了解了语言表层和内涵的关系，由此激发了跨文化学习兴趣，增强了跨文化学习意识。此外，教师还要注意在课后促进大学生对跨文化知识的学习，努力挖掘各种学习资源，创设多种形式的第二课堂，鼓励学生通过浏览英语网站、阅读书刊、实践交流等方式了解汉英两种不同文化间的差异，注重对学生主动学习意识的培养，使学生逐渐获得跨文化学习的兴趣和动力。

3. 增加大学英语教材中的跨文化教学内容

大学英语跨文化教学的另一重要策略是增加大学英语教材的跨文化教学内容，因为大学英语教材是传授相关跨文化知识的重要工具，同时也是大学英语课程的重要组成部分，是教学内容的主要承载者。在课程内容的选取上，要体现语言内容与文化内容有效融合的特点，“语言内容和文化内容有机地结合，是跨文化交际外语教学的核心思想。语言和文化同为教学的目的和手段，两者不可分割。在教材中，系统的文化主题构成教材的主线，而语言教学的内容实际上与这些文化内容融合一体。”对目的语国家的价值观、社会风俗、生活习惯、宗教信仰、各种政治制度等相关内容要有所介绍，还要选取母语文化中优秀的部分，加强两种文化的对比，让学生在这种对比中深化对两种文化的体验与认识。在内容安排上，要有趣味性和针对性，能够激发学生的学习兴趣，让学生明确教学目标。要循序渐进，由已知到未知，文化范围逐渐扩大，要体现层次性和系统性，注重与时俱进。

4. 提高大学英语跨文化知识考核比例

我国大范围的大学英语四、六级统一考试，对大学英语跨文化教学有很大的影响，但这种考试导向注重培养学生的四、六级考试应试能力，忽视了学生的语言能力、跨文化交际能力的培养。要想改变这种状况，比较好的办法就是在大学英语相关考试中增加跨文化知识的考核比例。2013 年 8 月，全国大学英语四、六级考试委员会发出通知，对全国四、六级英语考试的测试题型、试卷结构做出局部调整，此次调整自 2013 年 12 月大学英语四、六级考试起，调整后四级、六级考试试卷中有关翻译方面的考试内容有所变更，变单句汉译英为段落汉译英，涉及中国文化历史等方面的内容，改革的目的一方面注重学生的英语实际应用能力，提高英语作为一种交际工具的功用，同时为了培养大学生的跨文化交际能力，相应增加大学英语跨文化教学内容的比例。

5. 实施科学的跨文化教学方法

大学英语跨文化教学的有效实施，除了科学的教学策略，还需要切实可行的教学方法。目前，比较成熟的大学英语教学方法较多，如交际法、语法翻译法、认知法等教学方法，并取得了许多重要的理论与实践研究成果。在大学英语教学过程中，不仅要充分利用好这些教学方法，还要从中找到最适合大学英语跨文化教学的教学方法，利用其进行大学英语跨文化教学，使大学英语跨文化教学不断得到强化。

交际法。交际法是以培养交际能力为目标的外语教学方法，将文化教学与语言教学相结合，在大学英语跨文化教学过程中，强化学习目的语国家的相关文化，教师要使用新闻广播、电视谈话、广告等地道真实的语言材料，把教学过程当作交际的过程，围绕交际功能操练语言，可根据需要用母语翻译句子篇章，对语法做出适当解释，课堂教学过程中，注意创设交际化语言环境，突出以学生为中心的课堂教学模式，使学生在课堂交际活动过程中把握语言，听说读写可以同时进行，学习顺序不固定，可根据学生的需要随时调整。

语法翻译法。简称翻译法，属于认知派教学方法，“认为学习外语首要的是语法。因为学习语法既有助于理解、翻译外语，又有助于磨炼智慧、培养学生的逻辑思维能力”。要求直接翻译课文内容，注重讲授英语词汇知识，认真讲解重要语法规则，在掌握语言知识的同时，强化对句子结构的掌握和了解。以往的翻译方法对教学内容相对弱化，教学内容少而精，过多强调语法翻译容易造成学生对母语的依赖。在大学英语跨文化教学中，翻译法要吸收交际法等教学法的长处，重视教法的改进，在结合长句、难句、篇章、段落学习语法知识的基础上，启发学生深入理解课文内容，并介绍相关目的语文化知识，使课文学习与实际应用相结合，培养学生的跨文化交际能力。

认知法。认知法将心理学理论运用于外语教学，认为教师要在外语教学中设法让学生的智力发挥作用，培养学生的语言综合运用能力，要借助母语，听说读写齐头并进。为使大学英语教学呈现交际化和情景化的特点，教师要充分利用电化教学手段和一些比较直观的教具进行教学，利用学生已有的文化知识进行大学英语跨文化教学，以跨文化教育为目的，将本族语与目的语进行对比分析，帮助学生更好地理解语言现象，在学习、理解新语言材料的基础上进行跨文化交际练习。还可采用多媒体、网络等电化教学手段，借助英美国家的影视作品进行跨文化教学，增进对英美国家的文化和社会习俗的了解，加深对英美文学知识的理解。

二、大学英语教学文化交流

（一）我国英语教学中文化交流教育存在的问题分析

尽管我国大学英语教学为我国对外文化交流做出了重要贡献，发挥了重要作用，但是我国英语教学中中外文化交流教育存在以下三方面的问题与不足：

1. 传统教学模式已无法满足社会发展的需要

大学英语教学在我国教育体系中占据了非常重要的地位，我国传统教学模式已经难以满足社会发展和对外交流的需要。长期以来，应试教育是我国学校教育中占据主导地位的教学方式，从基础教育到高等教育概莫能外。这种教学方法以教师根据教材向学生“灌输”知识，学生被动接受为典型特征，学生学习成果的评价方式也主要是书面考试。众所周知，语言教学的目的是为了实际交流场景中的运用，而传统英语教学闭门造车式的知识传授方式忽略了英语教学本质要求，学生的对外文化交流能力始终得不到有效提升。随着我国“一带一路”倡议提出，至今已经获得沿线几十个国家的支持和加入，在此背景下英语教学中对外文化交流的能力培养更加具有现实意义。我国高校应当抓住这个历史机遇，改善英语教学方法，积极采取措施切实提高学生对外文化交流能力。

2. 学生跨文化理解力欠缺

在我国英语教学体系中，教师以培养和提升学生的听说读写能力为主要目标，学生的英语素养的评价更多的是通过考试。然而，要进行良好的对外文化交流前提就是对英语国家本土文化的充分理解。思维习惯、风土人情、语言风格等是不同国家文化构成的重要因素，由于我国传统教学模式的影响，学生更加注重的是英语听说读写能力，而忽视了在对外文化交流中起到关键作用的上述要素。学生对英语文化要素的忽视自然无法形成良好的跨文化理解力，因此许多学生虽然英语听说读写能力非常优秀，但是在与外国人进行交流时却发现无法准确理解和把握对方的真实意思，导致对外交流不畅甚至存在障碍。我国高校应当重视这一问题，注重西方文化背景的教学，提高学生跨文化交流的理解力。

3. 教师的跨文化交流教育水平有待提升

“师者，所以传道受业解惑也。”教师是影响教学质量的关键因素。当前，我国教师并不能适应跨文化交流的现实需求。首先，我国应试教育的教学理念和方法在教育体系中影响较大，英语教学活动的开展始终以帮助学生考取高分为目标，而不注重对学生跨文化交流的能力进行培养。其次，教师本身对外文化交流的能力与素养欠缺。我国高校英语教师在整体上素质呈现逐渐提升的趋势，高校英语教师确实为我国英语人才的培养以及对外文化交流做出了重要贡献，但是仍然有许多教师对英语的文化背景知之甚少，缺乏跨文化理解力，自身的跨文化交流能力差。当然也就无法把英语的文化背景融入教学中去，更谈不上提高学生的跨文化理解力，促进学生将语言和文化有机地结合起来，形成跨文化交流能力。

（二）大学英语教学中融入跨文化交流的方法

1. 对传统英语教学模式进行改革

高校要采取措施对传统的英语教学模式进行变革。传统的英语教学模式突出对学生听说读写能力的培养，但是不注重学生对英语文化背景的传授，导致学生不能顺畅地进行对外文化交流。首先，高校要在现有的教学资源中有机渗透英语文化背景，形成以单元为单位的英语文化背景教学体系，让学生在提升听说读写能力的同时加深对英语文化背景的了解，为他们进行对外文化交流奠定基础。其次，高校要改革课堂教学模式，将以往教师讲授、学生听讲的教学模式转换为学生主导、教师引导，师生良性互动的教学模式。在这种教学模式中，学生可以根据教师的引导，自主开展讨论式的学习，教师不再是“满堂灌”地给学生灌输知识，而是积极引导学生在课堂上自我探索和讨论，形成良好的思维习惯。最后，要改变高校英语教学的评价模式。学生的书面考试成绩在学生总体成绩中的比重应当大幅下调，将学生在课堂上自主交流、探讨学习的表现作为考核学生学习效果的重要指标。通过对传统英语教学模式的变革，高校英语教学必将在提升学生对外文化交流能力方面扮演更加重要的角色，发挥更加显著的作用。

2. 提升教师跨文化交流能力

教师是知识的传播者，在英语教学中教师的作用至关重要，教师的跨文化交流能力在一定程度上决定了英语教学质量的好坏。首先，教师要转变教学思路和教育理念，摆脱传统应试教育的影响。高校教师要清楚地认识到传统应试教育对于学生跨文化交流能力的培养十分不利，必须在主观上深刻认识到转变教学思路和教育理念的重要性，从而在教学活动中有意识地贯彻素质教育理念。其次，高校要加强对英语教师的培训。我国高校教师数量庞大，他们在我国对外开放和文化交流进程中承担着教书育人的重要职责，高校以及教育部门要重视英语教师的培训工作。可以选拔部分高校教师与国外高校进行访学或者交流，通过身临其境地感受当地的文化氛围和环境来增加他们跨文化交流的意识能力。还可以组织优秀的高校英语教师定期开展专题讲座，将对外文化交流教学方面的有效经验进行推广和学习。最后，教师要加强自我学习。互联网时代也是知识爆炸的时代，互联网能够为人们学习新知识和了解国外的文化提供非常便捷的渠道。高校教师要充分运用互联网技术，加强自我学习，不断提高自身跨文化交流的能力。同时，教师还可以通过参加一些国际会议，或者是进行出国访问和交流来提升自己，丰富自己的文化交流修养，改善英语教学的效果，使学生在学习英语的过程中充分意识到文化的差异，消除多文化交流的隔阂。

3. 为学生提供更多的对外交流学习机会

随着我国对外开放和交流的持续深入，要想提高我国文化软实力和国际竞争力，就必须从教育做起，切实提高学生的对外文化交流能力。语言从本质上来说是一门实践性的学科，只有在具体的现实语境中才能发挥最大的作用。高校和教育部门可以为学生创造或者提供更多的对外交流学习的机会，让学生身临其境地感受英语文化背景和风土人情，让他们置身英语国家的文化氛围中从而获取到对跨文化交流的真实体验。高校和教育部门可以增加每年公派出国留学的名额，高校也可以积极与国外高校开展中短期互派留学生的合作项目，从而给予学生更多的对外文化交流的机会，增加他们对英语文化背景的理解，进而切实提高学生对外文化交流的能力。

第二节 文化意识在大学英语教学中的重要性

一、文化意识的内涵与特征

文化意识主要是指自然界中各个群体对其自身群体的认知，主要包括所学习语言国家的历史地理、价值观、文化特色、生活方式、传统习俗和风土人情等方面的学习。其特征主要有三，跨文化性、多元文化性和交际性。

跨文化性是指文化意识教育不仅仅是跨民族或者跨国家带来的，更多的是一种文化之间的特色差异，包括价值观、历史地理、传统习俗的各个方面。

多元文化性是指全球由许多国家组成，不同国家在宗教信仰、饮食习惯、语言文化等方面存在巨大差异，这就构成了多元文化性。

交际性是指英语作为国际通用语言，它可以方便人与人之间的交流，尤其是跨地域和跨国家交流，它可以促进各国之间、各地区之间的社会文化往来、经济贸易往来，从而构成了文化意识的交际性特点。

二、在大学英语教学中文化意识的培养现状

随着全球化的飞速发展，各个国家之间必然会出现文化的交流与互融局面，所以大学英语教学中学生的文化意识培养必不可少，我国的大学教育改革已经开展了很多年，取得的效果有目共睹，但是一些问题也日渐显露，大学英语教学中学生文化意识的培养现状堪忧。

目前大多数的英语教学注重学生语法、词汇、阅读和写作知识技能的培养，但对文化的介绍过少，很难为学生提供充足的文化背景知识，以培养其对文化的理解和欣赏能力。尽管一些大学设置了文化类课程，但大多数学生可能并不选修或认为文化课程并不重要，这不利于他们的文化意识培养。同时，有些学校的文化类课程也存在普及性、系统性和整合性不足的问题。在某些大学英语教学中，教师的教学方式主要是以传授知识为主，学生的课堂参与和互动较少。在这样的教学环境下，学生很难对文化背景知识进行充分理解和认识，这会降低他们的文化意识培养效果。一些学生缺乏与英语母语人士互动的机会，也很少有机会去国外体验和了解其文化背景。由于英语是一门外语，学生的英语交流能力是在英语交流中逐渐培养的，缺乏充分的英语交流可能会阻碍学生英语语言能力和文化意识的全面发展。

三、大学英语教学中学生文化意识培养的重要性

任何外语教学活动首先都是让学生对该外语语言基本规则进行了解和学习，而最终目的是让学生掌握一种交流沟通的工具。在传统的外语教学模式中，教师主要注重提高学生的应试能力以及培养学生在听说读写等方面的能力，学生则只关注通过考试，取得学分，顺利毕业。在这种模式下开展的外语教学活动中，教师不会针对语言背后蕴含的社会历史文化背景进行详细讲解。一方面，每一种语言的历史、传统和文化都存在着差别。学生如果在外语学习过程中不能对该语言

蕴含的文化背景进行相应的学习，那么，他在实际使用该语言的过程中会很容易犯错，甚至无法实现真正意义上的跨文化交际。因此，教师需要灵活采取多种教学方式以及教学策略，培养学生良好的语言表达能力以及语言交际能力，从而避免因文化差异而引起的语用失误。另一方面，文化意识的培养不仅可以引导大学生正确意识到大学英语教学的重要性与必要性，还可以积极鼓励大学生有意识、有目的地培养自身的文化意识以及学习能力。大学英语课程标准明确了主要的教学目标，提出了详细而具体的教学原则，可以进一步引导大学生积极主动参与到日常教学活动之中。教师要灵活选择教学方式，优化课堂教学流程。大学生要积极与国际接轨，加强同外国友人的交流。大学生在外语学习过程中，对外国的历史文化以及社会风俗会产生一个较为清晰的认识。大学英语教学的目的之一是帮助大学生更客观地了解外国文化，逐渐完善大学生自我成长以及自我发展过程，为其终身学习奠定良好基础。

（一）帮助学生认识多元文化

培养学生的文化意识，不仅是一种尊重和认识其他国家文化的表现，也是探究和传承本国文化的重要途径。通过了解和欣赏不同文化，可以增强学生对文化的认识和理解。文化的发展不是止步不前的，它也一直在进步，紧跟时代的潮流，国与国之间存在明显的文化差异，当一个学生具备了文化意识，则可以自由探索其他国家的文化，更深层次地建立多元文化意识。

（二）提高语言学习效果

培养文化意识可以提高英语语言学习效果。语言和文化密不可分，要掌握一门外语，不仅需要掌握语法和单词，还需要理解该语言所处的文化背景和文化情境，从而更准确和恰当地运用语言。文化意识的培养可以帮助学生更好地理解英美文化，为英语学习提供更全面的背景知识和语境，使英语学习更加全面而深入。

（三）培养跨文化沟通能力

跨文化能力的定义是一个相对复杂的体系，包括能力的各个方面。文化意识的培养有助于提高学生的跨文化沟通能力。跨文化交际是国际交往的关键技能之一，能帮助人们更好地在跨文化环境下进行沟通和合作。当学生具备了丰富的文化背景知识和意识时，他们就能更好地理解跨文化场景下的文化差异和文化认同，从而能够更加自信地进行跨文化交际和合作。

四、大学英语教学中学生文化意识培养的途径与策略

（一）增加文化内容，设置文化类课程

要提高学生的文化意识，英语教材中应增加丰富的文化内容，如可以介绍包括历史、地理、民俗文化等在内的多方面的文化知识。例如，教学电影和音乐主题内容时，可以增加介绍英美电影和音乐的相关内容，以帮助学生更全面地理解英美文化。为了培养学生的文化意识，可以将文化类课程或者文化元素融入英语教学中。文化类课程可以涵盖多个领域，如历史、文学、艺术等，并从多种角度展开探讨。课时的安排、文化课程的内容、课程模式设定等都应该尽可能地满足学生的学习需要，以此吸引并提高学生对文化类课程的重视程度。

（二）提供跨文化交流机会

英语教学中学生跨文化意识的培养不仅是时代发展的要求，而且还是新课改的要求。为了提高学生的跨文化交流能力，教师可以创造性地提供跨文化交流机会，如设立英语角、开展英美文化体验活动、安排外教授课等。这些活动不仅能让学生亲身了解英美文化，还能增强学生的跨文化交际能力和学习自信心。

（三）使用多媒体教学，培养学生的自主学习意识

多媒体教学可以更好地呈现文化元素，提高学生对文化的理解和认知。教师可以通过布置学习任务、播放音频和视频、演讲和互动等多种方法，结合多媒体进行文化教学。例如，教师可以利用电影、电视节目和音乐来模拟文化场景，让学生从中感受文化差异和文化认同，从而激发他们的学习兴趣和好奇心。培养学生的自主学习意识，让他们学会主动探索文化信息，也是重要的一步。学生需要自己学会搜索和了解相关的文化信息，深入理解文化差异，以便更好地进行跨文化交际。教师应该提供富有启发性的学习任务，引导学生主动探索，指导他们如何通过多种方式探索文化背景知识并运用在英语学习中。

（四）提高英语教师的素质水平

教师的素质对于学生的学习质量、个人成长、职业未来都有着重要影响。因此，提高大学英语教师自身素质是十分必要的。良好的职业道德和师德是教师素质的重要组成部分。大学英语教师应该具有良好的道德操守，具备良好的师德、师风和职业操守，落实教育教学的责任和义务，在英语教学中能够积极引导学生形成

正确的文化观念和学习方法。大学英语教师应该能够根据学生需求，制订合适的教学计划，并能够基于这些计划进行高效教学。教师应该具备扎实的知识储备和先进的教学方法，能够在教育教学过程中创造性地运用信息技术手段，营造出严肃而活泼的课堂学习气氛，只有这样，学生才会在潜移默化中慢慢被文化氛围熏陶，培养文化意识。

（五）创新教学方式，增加教学的趣味性

在英语阅读教学中，引入与文化相关的主题，例如食品文化、节日文化、艺术文化等，引导学生进行相关阅读，并了解相关文化的历史背景和重要性。在英语写作教学中，引导学生进行文化比较研究。例如，比较中西方家庭教育方式的不同、比较不同国家的工作文化等。通过这样的研究，学生可以更深入地了解其他国家的文化，并与本国文化进行对比，增进跨文化理解和交流的能力。教师安排一些文化体验活动，例如参观博物馆、参加文化节日庆祝活动等，让学生亲身感受不同文化的特点和魅力。这样的活动可以帮助学生更深入地了解其他国家的文化，增加他们的文化自信心并强化跨文化交流能力。

通过以上这些途径与策略，学生可以更深入地了解不同文化，并增强跨文化交流和理解能力，从而实现有效沟通。通过对文化的了解和理解，可以帮助学生更好地适应跨文化环境，与来自不同文化背景的人进行有效沟通和合作。高等院校是为国家和社会培养高素质人才的重要基地，肩负着重要使命，英语课程作为学生学习中西方文化的媒介，有着重要地位，大学英语教师应该时刻牢记自己的使命。

第三节 文化教育与跨文化交际

一、大学英语教学与文化教育

（一）大学英语文化教育教学当中存在的不足

当前部分大学在英语实践教学中，通过结合中国传统文化开展文化教学，但是现阶段教师对于中西方文化在结合过程当中的教学思路不够清晰，仍然存在一定的教学问题，所以当前文化教学的教学效果仍然收益甚微。

1. 教师对文化教学重视程度不高

根据国内外的研究可以了解到，在语言文化教学当中，教师可以适当结合文化类教学知识，通过整合教学资源来提升教学效率。但是由于大学教师在教学实践中对文化类教学理解不够深入且重视程度不高，因此在教学讲解当中，向学生讲解涉及中外文化的相关内容时，并没有对文化进行拓展性教学延伸，导致学生在学习过程当中感悟不够深入，促使学生的学习效果和学习思维也产生了一定不足。

2. 英语教师的实践教学水平有待提升

在大学英语实践教学中，英语教师的教学素质决定着学生在学习当中的学习水平以及学习心态。由于英语教师是英语教学的领头羊和践行者，所以英语教师要接受正规的英语教学培训，才能够具有一定的资格来开展教学引导工作。但是由于部分英语教师的文化教学水平存在一定的不足，即虽然有较高的学历，但并没有涉猎较多的英语文化知识，所以在讲解过程当中存在文化储备量不足的情况。并且，教师在针对文化知识不断丰富的过程当中，需要不断学习，不断探索，才能够满足当前大学英语实践教学的需求。但是很多教师并没有一定的时间来进行主动性学习，所以导致文化教学在发展过程中相对较为缓慢。

3. 英语考试制度不够合理

随着当前科学技术的逐步发展，英语教师在开展英语教学时，普遍通过考试制度来了解学生学习程度。虽然考试制度会随着时代发展不断进行创新，但是当前考试制度仍存在一定的不合理现象，主要表现在考试内容不够灵活、缺乏对当前大学生英语文化思维的灵活性考察，在考试当中只是通过试卷分数来评判学生英语学习效果，并且听力或表达能力的考试也仍存在一定的局限性。同时，教师为了更好地让学生获得高分，往往只是讲解试卷当中的内容，所以学生的思维得不到延伸，学习能力以及文化素养不够完善。

4. 教学方式过于传统单一

英语教师的教学方式存在一定的单一性，使学生的兴趣很难进行科学调动，教师即使在实践教学活动当中融入更多的文化知识，但是并没有激发学生学习兴趣，导致学生在学习当中对于英语知识的积累热情并没有得到提高。由于教师教学方法和教学思路相对较为单一，学生在学习中往往处于较为被动的局面，即使学生积极主动学习也很难发挥教学的优势，所以学生会对英语学习越来越失望。

教师让学生记忆单词以及短语很难结合学生内在需求以及兴趣爱好来进行针对性记忆，所以教学效果与预期会有所出入。

（二）提升大学英语教学中文化教学效率的策略

由于当前我国大学英语实践教学活动当中，文化教学仍存在不足的现象，通过研究这些问题来探索英语教学对文化教学提升有着重要意义，有助于优化我国高校的教学发展效率，使高校英语在实践教学过程当中的效率有所提高。

1. 制定合理教学大纲

大学英语教学中必须制定较为完善的教学目标，将文化教育融入日常教学过程中，能够明确教学目标和教学深度，有效更新教学方法，构建完善的课程结构。教师也应当认识到跨文化交流中文化教育的重要意义，能够将中西方文化融合于日常的语言教育指导中，培养学生的文化理念，帮助学生构建客观平等的认知观念，增强学生对于文化的多元认知，使学生能够尊重不同民族的文化特点。在此过程中，教师也必须要遵循平等尊重的原则，凸显英语课堂中不同文化的兼收并蓄特点，例如在语言沟通过程中，能够站在中华文化的发展角度，以包容开放的心态正确接受并看待西方文化，不仅要凸显文化中立特点，也应当避免在教学中过多融合自己的主观见解，切记不要将英语文化中的先进性过度宣传，也不要过于强调汉语的文化优越性，必须保持中立。由于英语文化课的教学本质在于增强学生的核心素养，凸显素质教育特色，所以必须确保语言文化的协调进展，才能够全面提升学生的语言素养。通过采用高校英语文化教育引导培养学生的民族自信心和自豪感，能够站在文化中立的角度实现中西方文化的互惠融合，使学生能够精准地表达中国文化。

2. 坚持英语文化教学的各项原则

教师在英语实践教学中要理解文化教学的重要意义，并且遵守在教学过程当中的各项基本原则，才能够引导学生在课堂学习当中把握文化学习的技巧，更好地提升教学效果。此种基本性的教学原则，主要包含语言的实用性，由于语言是用来沟通的重要方式和有力工具，所以教师在实施英语文化教学时，要遵守实用性以及实践性有效促进英语文化教学效率的提高优化，当前英语教学中文化教学质量由于受到传统教学形式的影响，在接受文化知识时存在一定的不足或困难，所以学生在学习当中必须要掌握循序渐进的基本性原则，不断把握英语学习的技巧，并且在文化学习当中，掌握丰富多彩的课程内容。教师要遵循课堂教学规律，将课堂基础性的教学内容与课外教学相互融合，在实验教学中，把握英语教学的课时，并且给学生推荐具有趣味性的英语教学课外图书以及有力的教学途径，促使学生提升在英语文化学习中的知识积累能力。例如，“power”和“strength”，前者体现出权力力量，后者则体现出身体力量，所以在英语语法语境以及词汇教学中，教师必须要带领学生更好地了解词汇以及文化间的重要关系。英语词汇能够感悟到语言表达的文化内容，并对部分词汇展开突出讲解，使学生更好地了解词汇文化差异。例如，“in power”是掌权的意思，“economic strength”则是经济实力。不同词组的意义不同，由此能够了解到英语词汇的应用受到语境语法影响而改变，所以教师必须要结合词汇中的重点引导学生进行区分，切记不要只重视基本词汇概念，更重要的是帮助学生了解词汇的内在含义，增强其英语文化学习热情，加强英语文化在词汇教学中的合理导入。

3. 遵循文化教学的基本教学规律

大学英语教师在开展英语文化教学时，要发现英语文化教学的规律，只有掌握一定的教学规律才能够提升文化教学效果。由于文化教学在开始阶段，学生对西方文化属于初步接触的时期，了解程度不够，深入认识文化知识也只是片面性和表面性的，所以教师就可以通过教学指导，引导学生对不同文化进行探索和了解。在文化教学当中，教师可以给予一定的意见，在科学的指导下通过特定的英语文化情景来进行沟通和交流。教师在与学生互动中，可让学生减少心理压力，从而借助自己所学习的英语文化知识来把握英语学习的规律和技巧，从而加深自身对于文化知识的理解程度和掌握程度。当学生初步认识文化知识，对于文化知识有一定见解时，教师就可以让学生在了解中西方文化差异的同时，展开深层次探索，从而促进学生在理解西方文化知识的同时，对中西方文化差异有进一步的见解，规范其学习思想并优化学习思路。

4. 探索英语文化教学的思路

信息技术的发展为中西方文化交流带来了众多便利，教师可以有效应用互联网信息技术引导学生获取知识，在教学中应用互联网技术能够取得事半功倍的效果，不仅能够提高学生的英语素养，也能够增强学生的文化理解能力。教师可以根据学生兴趣爱好合理导入英语文化，提醒学生以英语文化元素和知识为切入点进行日常对话交流。

二、大学英语与跨文化交际

（一）跨文化交际教学是大学英语发展的需要

人类语言的表达形式，必然要受到其所置身的社会文化形式的制约。中国人在进入跨文化交际的语境时，因为文化碰撞而产生的误会矛盾时有发生。在跨文化交际研究中，大家都明白一个事实，那就是因为文化而产生的误会要比因语言语法错误发生的误会严重得多。由于语言语法的错误，其结果最多就是词不达意，思想中想要表达的东西无法顺畅地通过语言表达出来。可是，因为文化问题而导致的误会，就会上升到有关民族尊严的问题，往往会使“本族人与异族人之间产生严重误会甚至敌意”。若想在跨文化交际中有效地避免诸如此类的文化矛盾或冲突，减少跨文化交际过程中有着不同文化背景的人之间的误会或摩擦，最为有效的方法就是交际者具备一定的跨文化交际能力，有着较为丰厚的文化修养与素质，对交际对象的民族文化与传统，有着较为深入的理解与认识。只有这样，才能达到有效交际，顺利实现跨文化交际目的。这样一来，大学英语教学就不能够仅仅只局限于语言知识技能的教学，而要在教学过程中有效地融入有关英语民族文化的教学内容。董亚芬说过：“任何一种民族语言都是该民族文化的重要组成部分和载体。在语言材料中，篇章、句子甚至每个词无不包含着本民族的文化信息。”将外语教学同本国文化教学成功地结合起来，能够开阔学生的文化视野，从多个层面扩大学生的知识面，从而多角度地增强大学生对世界的理解与认识，在对异域民族文化的学习与借鉴过程中培养、提升自我的文化素养，已经是当前大学英语跨文化教学不容置疑的事实，成为当前外语教学界的共识。

（二）大学英语跨文化交际教学是当前中国社会经济发展的客观需求

中华人民共和国成立以来，伴随我国社会各个层面改革的继续深化，经济的飞速发展，国际性事务的交流越来越频繁，我国需要一支庞大的、具备跨文化交际能力的人参与到国际贸易交流中来，需要一支具备高素质跨文化交际能力的队伍来解决越来越多的国际性事务，以此来更好地增强国际间的交流与合作，使跨文化交际得以顺畅进行。

当然，我们所需要的跨文化交际人才，不仅需要具备相当的语言沟通交流能力和优化知识结构组成能力，还必须具备国际性的文化理念与思维，对于异域民族文化与传统、日常礼仪与交际原则等都有着一定的了解，也就是具备相当的跨文化交际能力。跨文化交际能力是一种双向的沟通交流能力，不仅要对目标交际对象的民族文化有着较为深入的理解与认识，同时，对于本民族的文化知识与传统，也必须有着一定程度的理解掌握，这样才能在跨文化交际过程中更好地实现双向的交流与互动。在跨文化交际过程中，要想得体顺畅地同外国人交流，仅仅具备流利的语言表达能力与较为丰富的交际对象的语言词汇，这是根本不够的。若想保证跨文化交际的顺畅进行，必须对目标交际对象、历史文化习俗和价值观念等有着深入的理解与认识，这样才能很好地避免在交际过程中因为文化的差异性而产生误会、冲突。因此，为了能够培养出优秀的跨文化交际人才，使其在跨文化交际中具备强大的国际竞争力，以此更好地跟上时代发展前进的步伐，满足我国飞速发展的社会政治、经济、科技以及文化对跨文化交际人才的需求，大学英语教学过程中要有效地融入跨文化交际的教学内容，将跨文化交际教学提升到大学英语教学内容的一定高度，逐渐将传统教学法的听、说、读、写能力训练转移到对跨文化交际能力的全面人才培养重点上来，培养出适应时代发展需求、具备跨文化交际综合素质与能力的国际性人才。这是大学英语教学改革应该关注的重点内容。大学英语跨文化教学过程中，除了对目的语言民族的文化给予相当的重视，还必须对不同民族之间存在的文化差异性给予足够的关注，在文化教学的过程中同时关注民族文化的差异性，从多个角度、多个层面增强学生对不同民族文化的理解与认识，从而更好地拓展学生现有的知识结构层面，帮助大家在英语学习的过程中更为有效地培养起跨文化交际的能力与素养，为我国的国际化人才竞争与培养打下坚实的基础。

（三）大学英语跨文化交际化教学是促进大学生社会性发展的需求

任何人都是社会的人，具备一定的社会属性，同社会的发展紧密相关，在社会中扮演着一定的角色，并且相应地承担其应有的社会责任。因此，在个体的人与作为集体的社会之间就形成一种彼此相互联系、相互依赖、共同发展的关系。每个人都生活在一定的社会当中，既然在社会中生存并且想谋得个人的发展，就得不断地学习，而学习则根本无法离开社会各个方面。基于此，教师有责任也有义务在教学过程中引导着学生通过学习来不断地认识社会各个层面的真实情况。

对那些与学生日常生活紧密相关的社会现象，都应该适当地引导学生进行必要的理解与认识，这是对学生人生经验与阅历的一种极为有效的丰富途径，对于发展学生的认识能力，丰富他们的情感、知识，以增强其自我分析能力及对他人、社会的认知，都有着极大的促进作用。在此基础上，教师才能更好地引导学生构建良好的行为习惯体系，从而培养起自我良好的社会道德体系、人生观与价值观。对于大学生来说，大学教学就是促成其社会性发展的有效助推力之一。对当前的大学生们来说，他们面对的社会交往关系及现象更为纷繁复杂，多元化的社会交往决定了交往方式的多样化与复杂化。通过跨文化交际教学来培养学生面对社会不同人群与语言群体时应有的交际能力，培养大家在人与人交际合作时的正确态度与意识，从学校与社会各个层面来帮助大学生提升自我的跨文化交际能力与素养，对于他们更好地认识这个世界、跟上社会与时代发展的步伐以及自我素质的发展，都有着很好的作用。由此可见，我们倡导的大学英语跨文化教学同当前青少年培养的社会化目标是同步的，最终的目的就是帮助青少年学生树立正确的理想与信念，培养追求平等、尊重差异、相互合作的思想观念与意识。大学英语跨文化教学，也是为了能够培养当代大学生的文化知识素养与综合能力，将每个学生潜在的能力与其自身所蕴含的聪明才智最大限度地挖掘并且发挥出来。

随着跨文化交际的日益频繁，人们在跨文化交际中遇到的障碍越来越多，具有跨文化交际能力的人才培养也越来越受到关注，外语教学史上出现了一个新概念——跨文化外语教学。“推广跨文化外语教学将是未来我国外语教学改革的主要方向之一”。越来越多的学者把目光投向跨文化交际能力的培养上。

无数的教学实例已经表明，在大学英语教学中实行跨文化交际教学，不是一个空泛的概念或者是仅限于理论层面的空谈。而且，社会与时代的发展，也为具有跨文化交际综合素养的人提供了越来越多的机会与平台，如国际性的交流与合作越来越频繁。大学英语给予跨文化交际教学以更多的关注与重视，不断地从更深的层面来增强、培养学生对不同民族文化的认同感、包容性，树立起他们面对异域民族文化时应有的包容意识与精神，懂得拥有不同文化背景的人与民族之间彼此相互尊重、平等交流合作。这也是大学生面向未来发展的一项较为基本的社会生存能力。这是促进不同语言民族之间的文化交流与合作、发展，推动国际间交流与合作的一项基本能力与素质，是当代大学生社会性发展的必备生存能力之一，是更好地适应时代与社会发展步伐的要求。

（四）大学英语跨文化交际教学是实现民族自强自立的需要

多年来，中国社会主义经济发展在国际上处于弱势位置，要想更为成功地实现中华民族在世界之林中的伟大复兴，重塑昔日的辉煌历史，构建起民族的自立自强精魂，大学英语教学是一个必经之路。因为作为当前世界通用语的英语，任何国际性的交往都需要通过这一有效的语言沟通工具来搭建桥梁。中华民族融入世界的整体发展态势，离不开英语这一世界通用语来做桥梁与纽带。但是面对西方的文化霸权，我们在学习英语的过程中不仅要有能力博古通今、融汇中西，还要能够做到对西方文化的辩证吸收、内化融汇，这样才能够真正建立起自我强大的文化意识。我们在学习英语的过程中，必须要对西方文化以及语言对中国文化形成的巨大冲击有着一个较为清楚的认识，对其形成的垄断性地位有着明晰的判断与鉴别。可是，对意识形态领域来说，则又将其带入一个巨大的挑战旋涡当中。伴随我国不断深化的改革开放步伐，我国的综合国力的确是在不断飞速提升，因此，一些国际间的交往也就越来越频繁。在此种情态下，我们对具有跨文化交际能力人才的需求也就愈加强烈。我们需要能够面向世界、对于异域民族有着较为深入理解的人才来参与到国际交流中。因此，这就对大学英语教学提出新的教学目标，培养跨文化交际人才，将跨文化交际教学的内容提升到一定的高度，使学生在学习实践中培养起其面对多元文化的包容性。所以，在我国当前的大学英语教学中实施跨文化教学，是一件极具深远意义的事情。

（五）大学英语跨文化交际教学是顺应高等教学国际化发展趋势的需要

面对全球一体化发展的趋势，提升高等教学国际化的主流意识，是当前世界性的高等院校办学得以进一步深化发展的新的理念基础。由此可见，在高等院校大学英语教学中实施跨文化教学，已经成为一个国际性高等院校发展的必然方向。跨文化教学在高等院校的有效实施，对我们办学理念具备世界性的眼光、融入世界办学的洪流具有积极的推动作用。通过跨文化教学的实施，我们可以不断地吸纳西方先进教学理念与办学模式，站在理性的角度对我国的高等教育以及传统文化等进行分析、认识，并且以世界性的战略眼光来看待分析全球性以及民族性的综合性问题，从而在理论与实践相结合的同时，找到中国本土办学、教学同世界各国办学、教学成功经验的融汇点，以此更好地把握世界性的主流意识，更好地在办学教学中创新，办出自我的个性特色，为推动我国当前的大学教学做出努力。

特别是伴随全球性的一体化发展态势，办学也在全球一体化的发展过程中呈现出新的发展趋势。很多高等院校在寻找同国外学校共同合作办学的新机会，中外合作办学正在不断进行中。在此过程中，无论是从办学的主体来说，还是参与办学作为教学接收者的客体来说，大家都共同面临着多元化的局势，办学背景存在多元化的局面，办学对象也出现了多元化的情势，乃至于信息来源、思维方式、社会习俗等。在中外合作办学的过程中无不呈现出多元化的特点，因此，在这样的办学理念以及办学氛围中培养出来的人才，由于多元化的作用，必然受到多元文化思维影响而具备多元化的意识，有利于学生形成开放、包容的文化思想。由此可以看出，对于中外合作办学这一新的办学模式中的跨文化教学进行深入的关注与研究，对于大学英语跨文化教学是一件十分有意义的事情。这是因为：第一，面对全球一体化发展的大趋势，我国高等院校面对的不仅仅只是国内市场带来的巨大挑战，在全球化的发展过程中，已经被全球一体化潮流裹挟着融入世界性的市场潮流。具有跨文化交际能力的国际性人才，已经成为全球范围内的一种需求，而不再仅只是某一个民族或者时间段的需要了。毫无疑问，这必然对全球各个国家与民族的高等教学提出改革与发展的迫切要求，立足全球性的高度推动着各个国家高等院校的发展与改革。第二，中外合作办学的教学模式，是以双向互利、文化平等、交流融合、共同发展为基础与目标的新的办学教学模式。现在，对于跨文化教学，已经被经济开放型国家首肯为进入国际性交流、融入国际发展态势中的必要战略性工具与手段。

面对全球一体化发展的大潮流与趋势，各个国家的商品、信息、服务乃至人员的跨国界开放，促使大学生成为全球一体化发展过程中增强国与国之间交流、理解、加强合作极为有效的媒介。甚至可以说，现在的大学教学已经前所未有地成为一个国家提升综合国力的代表性标志。在目前这种多元化办学模式的作用下，各大高校都在通过多种方式方法，将派出与引入结合起来，融入自己的办学教学模式，以更好地增强学校在世界性发展态势中的竞争软实力。越来越多的高等院校已经意识到，面向未来的大学人才应该是具有全球意识与国际交往以及跨文化交际能力的人才。这一人才培养目标必然促进大学英语跨文化教学的发展，推动文化在大学教学中的作用。

无论是谁，若想让自己的研究成果得到更多的认可，就必须进行国际性的学术交流。科学工作者如此，教育工作者也不例外。否则，就无法融入国际的学术视野，得到国际同行的承认。这不仅只是一种外在的交际形式，更是一种思想、学术思维的融汇与交流。英语作为国际交流的主要工具与手段，顺应这一大的国际性交流需求，在学习英语的同时，必需的文化学习是非常必要的。英语只是一种交流的语言工具，文化作为思想的承载，才是交流的内核。因此，在大学英语教学过程中，就需要对文化教学进行强化与突出，从而使作为文化载体的英语，能够在国际性的交流与合作中真正地发挥其传播媒介的作用，将不同地域、民族的文化在语言的交流中得以沟通、认识、传播，真正发挥出语言的交际功能，来推动我国文化、科技的国际性交流与合作。根据跨文化交际实践的经验总结，在我国的大学英语教学过程中，应该注重多采用比较研究的方法来教学，以此更好地开阔学科视野，增强其交叉学科的融入性，在对学生进行大学英语语言文化知识教学的同时，有效地加入有关人文学科的知识内容，使我国的各所高校能够增强其彼此之间、学科专业之间的相互沟通与交流合作，相互增补。在大学英语教育过程中，将外语的语言教学同文化教学更为有效地彼此融合成一个有机的整体，使我们大学高等教学培养出来的人才朝着复合型人才的方向发展，使大学英语的跨文化教学能够真正地在国际交流与人才培养方面发挥其应有的作用，共同为促进我国社会经济的飞速发展做出应有的贡献。鉴于此，无论是我国的高等教学部门，还是各大高等院校，对于跨文化教学，都应予以足够的重视，使高等院校培养出来的人才既能够充分地掌握跨文化交流中交际对象的民族文化，减少在交际中因为文化而发生的矛盾冲突，还具备相当的本民族文化传统的深厚底蕴，并且能够用目的语言对本民族文化在世界范围内传播，使更多的国家与民族、来自全国各地的不同语言群体都能够对本民族的优秀文化传统有着较为深入的理解与认识。这才是我们跨文化交际的真正目的。在此基础上，我国的各大高等院校还有着另一项使命，那就是进行跨文化交际教学的过程中，能够正确地引导学生掌握不同民族与国家之间存在的文化差异性，在认识、尊重、接受文化差异性的同时，能够冲破差异性的障碍，认识到差异性存在的背后，其实是语言共同性规律的作用。只有更好地认识并且掌握了这种差异性背后的语言与文化存在的共同性本质规律，我们才能够真正地掌握一种语言及其背后所蕴含的文化。这样的人才，才是我们在激烈的世界综合性人才竞争中所需要的、具有创新意识与创新能力的人才，也只有这样的人才，才能够在世界新的文化格局中发挥出跨文化人才所应有的作用。

（六）大学英语中跨文化交际的教学内容

文化，从广义上讲是“人类在社会历史发展过程中所创造的物质财富和精神财富的总和”，从狭义上讲是“一种生活方式，是我们生存、思维、感觉和与别人发生关系的环境，是联结人们的黏合剂”。归纳起来，跨文化交际包括以下五个内容。

（1）语言交际。包括词汇、习语、语法、语段、文章等。

（2）非语言交际。包括面部表情、眼神、手势、姿势、体态等。

（3）交际习俗与礼仪。包括打招呼、称赞、称谓、访友、做客等。

（4）社会结构及人际关系。包括家族关系、亲戚关系、朋友关系、同事关系和社区关系等。

（5）价值观念。包括人们的信仰、看法、观点等。

（七）大学英语中跨文化交际的教学步骤

Morgan（1993）认为：“一个人的母语文化认知图式是自然形成的，而目的语文化的认知图式必须有意识地对待，因为这是一种特定的思维模式。”所以，在教学过程中应充分发挥想象，设计各种活动，提高学生对英语学习的热情，加深他们对英语的理解。下面为教学活动的步骤。

1. 准备阶段

针对教学内容中包含的文化知识，教师首先要了解学生已经掌握的程度，其次采取教师讲解、问卷测试、直接问答、词汇联想、图片实物展示等方法，让学生对将要学习的内容有一个初步的了解。

2. 讲解阶段

教师针对所学内容的特点采取不同的方法，使学生的学习效率最大化。

（1）对比法，涉及语言交际的内容，如汉语里“像老黄牛一样勤恳”“力大如牛”，在英语里却要说“work as a horse”“as strong as a horse”。中国人都是用牛耕地劳作，英国人却是用马来耕作的。同样，汉语有“害群之马”的俗语，英语中翻译为“blacksheep”。涉及非语言的内容，如外籍教师穿着很随便，在公开场合甚至可以穿短裤，上课时有的还坐在课桌上，嘴里嚼着口香糖。中国教师则不会这样。

关于交际习俗与礼仪，中国人在饭桌上喜欢互相劝酒，这在西方人眼里就是强人所难的举动。西方国家，孩子在家可以随便称呼父母长辈的名字，这在中国是很不敬的行为。在西方国家，两个好朋友一起出去吃饭喜欢AA制，这在中国人看来是不讲朋友情面的事情。多数西方人个人价值至上，追求个人成功，而中国人倾向于社会、集体价值至上。

（2）翻译法，英语学习者存在的一个共同问题是：当在做翻译练习时，目的语中没有生词，但英汉两种语言在词汇、语法、句型结构等方面有很大差异，导致翻译出来的语句不符合目的语的习惯。所以，典型句子的翻译在提高翻译水平的同时，也提高了学习者的文化意识。如："I very think you."我很想你。"You how go to school？"你怎么去上学啊？"You give me stop."你给我站住。"Give you some colour see see."给你点颜色看看。以上都是学习者在初学阶段很容易犯的翻译错误，主要是由于我们对英语语言及文化缺乏了解。

（3）互动法，通过英语教师与英语学习者的互动交流，让学生联想具有类似文化差异的中西方不同词汇或语言现象，以增强英语教学效果，提高英语学习者的学习水平。

3. 习得阶段

跨文化学习的最终目的是使得学习者掌握差异，从而在交际中更加得体、恰当。这些差异的理解和掌握也要通过不同的课内外活动的练习而习得。例如角色扮演；努力创造跨文化交际的机会，如创造条件使学生有与外籍人员面对面交流的机会；使用一定比例的国外原版教材，并努力提高自编教材的真实性；充分利用现代化教学手段；充分利用外籍教师；引导学生阅读外国文学作品、报刊文章，推荐学生观看体现文化背景、风土人情、社会习俗等内容的电影；开展丰富多彩的课外活动，如文化讲座、知识竞赛等，引导学生逐渐养成自觉吸收不同文化的学习态度。

（八）大学英语教学中的跨文化交际阶段框架

大学英语教学的目的是通过专业英语学习，或以内容为基础的英语学习，使学习者进一步巩固和提高他们的英语基础知识与应用能力，通过各种形式的文化学习和跨文化交际体验来增强他们的跨文化意识与跨文化交际能力，从而发展成为具有较强跨文化交际能力和独立专业学习能力的人才。走出学校后进行英语学习的目的是通过参加各类培训，或通过各种社会和工作实践，学习者进一步巩固和提高英语交际能力与跨文化交际能力，同时增强自主学习能力，培养终身学习的思想。这一框架不仅是英语教学的需要，也是培养新时代跨文化交际人才的需要，因此应引起英语教师及英语学习者的高度重视，成为英语教学和学习的基本内容。

第四节 大学英语教学与文化意识的融合

英语教学和学习不仅是语言、语法、词汇的结合，文化背景也是其中的一环，文化与语言相依，语言是文化的载体，是文化发展成熟之后的衍生物，也是人们沟通交流的基础工具。在语言教学过程中，教师应该对以英语为母语的国家的人文、历史、经济等方面进行介绍，全方面拓宽大学生的文化知识面，这有利于学生加深对英语学习的了解，包容文化差异，更进一步了解本土文化，开阔学生的视野。教师如何在英语教学中有意识地将文化介绍融合至课堂中，如何设计课程教学才能使学生自然学习西方国家的良好习惯，提升综合素质，是本文研究方向。

一、文化意识的内容

文化意识拆解开来就是两个词，文化是对一个群体的认识，意识是对认知的认识，文化意识是对群体的认识。文化是群体意识在社会发展过程中所创造的精神财富的总和。对英语文化意识的了解，就是从历史上英语国家人类文明的认知的了解，随着群体生长，有自己的思想体系，并对以英语为母语的国家产生主观意识，在头脑中形成对整个文化体系的独特的私人思想。结合自身国家的文化意识，产生的差异性对比冲突的结合会使得自身的认知更加深刻。

（一）文化意识与外语教学的关系

一个国家和社会在发展进程中所生产的物质文明和精神文明的集合使得文化不断在改变。对于外语教学中，涉及的文化拓展包含英语国家的历史、地理、风土人情和传统习俗价值观念等方面的背景写照。只有真实地过当地生活，体验过风土人情才能充分理解这种文化。现阶段我国外语教学中，学生投入大量的时间和精力学习英语，实际生活中能运用英语的场合并不多。而在实际生活中，学生的词汇量足够，语法过关却仍然看不懂文章的含义，仍然不能流利开口表达对某一个话题的看法或者见解，这些局面的形成，问题的根本在于学生在学习英语时没有带入文化意识，对英语国家文化背景知识欠缺，对地道的表达产生差异化理解。

因此，在学习过程中和文化背景相结合，一方面既增强学习的趣味性，另一方面增强带入文化思想的目的性，提高学习语言的驱动力，系统地了解语言学习的内涵，弥补应试学习的不足。

（二）文化意识培养的必要性探析及方法

对语言的掌握必然要具有一定的文化知识，这样才能避免因不了解对方的风俗习惯，误撞对方禁忌的方面。比如在中国参与聚会或者去主人家吃饭时，习惯比约定时间早到以示尊敬，而在法国等一些国家，则习惯于聚会晚到表示对主人的喜欢。有意识地培养学生的文化意识能让学生了解西方的文化，还能奠定学生跨国文化基础。在进行文化意识培养的时候，学生也会拿其他国家的文化和中国文化进行对比研究，甄别中国文化和西方文化的差别，更深刻地体会中国的传统文化，也可以与不同国家的朋友进行交流。我国传统文化蕴含着我国古人的智慧宝藏，是对我国传统文化的弘扬。培养学生文化意识，同时是对教师能力要求的提升。首先，教师要具有一定的文化底蕴，还要加强对文化知识的学习，这样才能将文化知识运用到课堂中。其次为了提升学生对文化意识的敏感度，教师要提高课堂趣味性、课堂讲课模式、课堂课程设计能力，让学生更好地融入课堂、更好地理解文化知识。

1. 提高教师文化培养的意识

在当下大学英语教学过程中，教师对于教学和文化意识培养不能建立很好的连接。教师自身的文化意识缺失，在目前大多数的大学英语教学中外教依然比较少，大多数依然是中国的教师。他们虽然具有非常坚实的英语基础功底和交流能力，但是不可否认的是部分英语教师对于英语文化了解依然不够深入，这直接就限制了培养学生文化意识的可能性。俗话说，意识形态决定行为高度。大学在英语教学方面与以往的教学存在显著的不同，而且随着素质教育的不断深入，教师必须摒弃以往应试教育的想法，树立文化培养的意识。对于并没有在外国生活过的教师来说，通过专业的培养提升自己的文化意识和教学能力，具有非常重要的意义。只有具有丰富的文化知识，才能够引导学生将英语作为文化进行掌握。而且在当下的大学英语教材中都添加了些许英语的文化知识，教师在教学的过程中必须将这些环节进行放大，在潜移默化中影响学生进行文化学习的能力。学校也要开展很多讲座，对英语教师进行文化培养的意识进行提高，让他们意识到在课堂中进行文化培养的重要性，并采取相应的策略进行积极的应用。但是也要注意自身能力的提高，与外教进行积极的交流，从他们的身上积极吸取外国文化的特色，并将这些文化积极地应用到课堂的英语教学中去。

2. 营造学习英语文化的氛围

文化意识并不是一朝一夕就能养成的，需要潜移默化才能形成。近年来，随着我国的经济水平的不断提高，教育方式和观念也得到了极大的发展。英语作为一门对学生综合发展非常重要的学科，其重要性越来越突出。因此，要培养学生的文化意识，必须营造学习英语文化的氛围。而对于大学生来说，他们学习英语的主要场所就是课堂，因此在课堂学习的过程中必须将英语教材进行积极的应用。因此在学习英语课文之前必须对其中的文化因素进行详尽的分析和学习，并对其中涉及的俚语和专用词汇进行分离。这样的话文化知识才能切实地被领悟，英文词汇的意思比较广泛，而且还有很多引申的意义，在学习的过程中必须对在特定政治背景和历史原因下被赋予特定意义的词汇进行单独记忆，才不会在应用的过程中出现错误。除此之外，在平时的教学过程中教师必须充分利用课堂时间，为学生设定特定的文化学习环节。尽可能地使学生通过对课文的学习，吸收更多的文化知识，扩大自己的知识面，并在这个过程中养成对文化学习的意识。

3. 改善教学方式

以往的大学英语教学模式并不适用于对学生进行文化意识的培养，导致学生的文化意识难以深入。以往的教学过程中，教师作为主导者直接为学生讲述知识，学生只能被动地听讲。这种教学方式既不利于学生思维的发展，更不利于文化交流的需求。因此，必须改一下教学方式，才能更好地开展文化意识的培养。要让学生成为课堂的主体，以学生为中心进行文化意识培养，尽可能地激发学生的学习兴趣，培养学生的文化意识。除此之外，学校也要进行英语文化讲座与外教进行积极的交流，使学生在交流的过程中感受中美文化的区别，学习外国文化的多样性。学校应选一些与英美文化密切结合的原版材料，比如《走遍美国》（*Family Album USA*）等大家熟知的英文教材配合多种英文影视作品 *Desperate Housewives*、*Friends*、*Gossiossip Girl*、*Boston Legal* 等等。文化学习不仅仅要在课堂上进行，教师也要创设很多交流，实现外国学生与中国学生进行交流，并把学习到的文化差异运用到实际当中，提升自身的英语交流能力。

4. 构建外国文化学习渠道

中国传统的英语教育方式对于学生的影响太深，学生也无法找到正规的渠道去了解西方文化，只能通过杂志、网络和电视间接地了解些许西方的社会文化知识。这种了解往往都是片面而不系统的，难以使学生恰当地理解当地的文化，甚至对西方社会的文化现象和价值观进行扭曲，更难以达到理想的学习效果。每一门语言都与其本土的文化密不可分，只有树立培养文化的意识才能更深入地学习语言，而且文化能够在很大程度上促进对于语言的学习。教师应该帮助学生构建合适的外国文化学习渠道，使学生具备扎实的英语学科知识和技能外，还应通过阅读英语文学作品、观看影片等多种渠道来了解英语国家的历史、文化、传统、风俗习惯、生活方式等，并有意识地参加与跨文化教学相关的科研活动，主动接受英语文化的熏陶。拓宽文化视角，不断提高自身的文化素养与修养。

5. 学习外国特殊文化

文化在一定程度上直接代表着当地人的思维习惯和处事方式，如果仅仅对当地语言进行学习，即使能够流利地与外国人进行交流，依然难以进行深入的理解。大学英语最为重要的并不是对英语基础进行巩固，而是提高学生的整体应用水平。因此大学英语在进行教学的时候必须对学生的文化意识进行培养，使他们更加深入地了解当地的风土人情。如同中国古代的巨作都是在当时特定的历史背景下产生的，英语的很多课文也必定是在当时的背景下才能写出来的。在进行教学的时候引入当时的文化和政治背景，有利于学生更加深入地了解文章的内容。大学英语的教学目标和课程属性都在很大程度上决定了在这个过程中培养文化意识的必要性，这种教学方法培养出来的学生就不仅仅是知识型的人才，其实际应用能力必然也非常强。英语作为世界性通用语言及应用地位非常重要，更是高素质人才必备的技能。在未来的工作过程中使用英语的场合越来越多，了解英语的文化背景，更有利于与外国人进行交流，因此，在大学英语教学中培养文化意识就有非常重要的意义。

6. 加强开展英语文化实践活动

英语不仅仅是一门学科，更是一种语言，具备扎实的英语基础是为了更好地了解外国文化。对于大学英语教学而言，学生已经具备了一定的英语基础和能力，在学习的过程中应当注重对于文化意识的培养。英语课外活动能为学生的语言实践和自主学习提供更大的平台，有助于培养学生英语语感、增长英语知识和拓展英语视野。教师可以定期开展丰富多彩的英语课外活动，如英语诗歌朗诵、英语歌曲演唱、英语短剧表演、英语话题演讲、英语主题班会、英语名著展览等形式多样的英语活动。培养学生的跨文化意识有利于激发学生学习英语的兴趣，有利于培养学生的国际意识和跨文化交际能力。

在大学英语教学中培养学生的文化意识能够激发学生的学习兴趣，提高学生的学习效率，而且对于提高教师自身的教学质量和教学效果具有非常重要的意义。文化意识培养的教学方法并不是一朝一夕就能完成的事，它是一个系统而完整的过程。教师要在实践的过程中不断进行摸索改善，建立一个完善的教学模式，为社会提供高素质的应用型人才。

二、大学英语教学与文化意识的融合方式探析

（一）提炼英语文章内容，着眼文化意识

高等院校采用的教科书内容涵盖西方的文学、价值观、社交礼仪、科技文明等方面，涉及以英语为母语国家的典型背景知识。教师在讲述这些基础知识时，要从文章角度出发，整合其中的篇幅结构，除了对文章的基调、修辞、写作手法和长难句进行分析外，还要就教材中的某个节点进行讨论，联系学生实际情况，激发学生的学习兴趣，组织学生收集资料分组讨论，活跃课堂氛围，将文化意识融入课堂氛围之中。如学习西方文化中的重要节日时，可以详细讲述节日的来源，与某个宇宙之神有关的内容，让学生对收集的资料进行表达，学习文化背景，加深对文化意识的了解，丰富文化背景知识，更好地理解文章内容，领悟教材所选文章的独到之处。

（二）稳固词汇基础，奠基文化意识

词汇是组成句子的基础之一，词汇的内容包含情感色彩和各种意思，就像中文中的一词多义。词汇同样是谚语、俚语和惯用语的组合体，在传统的学生学习中，学生认为记牢词汇就是英语学习的起点，花费大量时间记忆词汇。但是在学习中，教材提供的词汇有限，并且使用的词汇的基数太少，学生多数的词汇练习都是为了针对考试而记忆，难以从根本上了解词汇文化，词汇想要传递的英语信息传送失败，再加上中西方文化差异大，在理解同一个事物时，思考角度不同，导致最后接收的信息不一，如美国人不安现状，乐于奋斗，传统的中国文化传递的是随

遇而安的状态。还有在对英语俗语的理解上，词汇本身组合起来是一个意思，但是实际上表达的却是另外一个意思，在记忆词汇时，要弄清楚来龙去脉，通过英英释义解释文化背景知识，能更容易理解。

（三）对比中西方文化差异，了解文化意识

所处经纬不同、历史发展不同等原因造成中西文化差异大。针对学生易受到中文思维方式的影响，在表达见解和看法时有别于西方国家，在使用中惯用中式英文，教师在讲解篇章时，可对其中某个节点进行完整阐述，引出中西方文化差距，如在讲解美国对圣诞节的庆祝和中国对春节庆祝时的不同，引导学生思考两地之间的文化差异，进行词句对比，通过对比差别，教师可以将典型的文化意识进行讲解，充分讲清西方文化和中国文化的相似和不同，让学生不自觉地体会并且习惯西方文化，站在西方文化的角度上思考英语学习的技巧，培养学生学习时的语言文化意识，考虑西方国家使用语言时的方式，让课堂充满趣味性和丰富性。

（四）在备课和讲授环节，穿插文化意识

文化和语言有着不可分割的关系，两者之间相互融合、相互制约，文化推进了语言的行进，语言是文化发展的象征，它高度概括了一个地区发展的精神文明和文化意识，教师不仅要对词汇、句型、语法等基础知识方面进行备课，还要在历史文化中进行挑选备课，培养学生理解的差异性，活跃课堂气氛，渗入管理文化。在听力训练时，教师可以采用多种听力材料，让学生关上提示，进行复述，再用原话总结，查出专有名词，搜索资料，总结原文中的词汇结构、动作表情，让学生进行模仿交流。在翻译时，多采用诗歌的翻译，体验中西方文化炼字的精准性，调动学生的积极性，把语言用到各种交流和表达之中。

（五）以更多开放式活动，深入文化意识

教师无法在课堂上教授语言涵盖的所有知识，特别是涉及很多细致的知识。所以学生需要利用更多课外时间学习西方文化。如通过观看西方国家影片了解更多的文化背景知识，参加英语文化背景讲座，听广播剧训练听力，每天晨读训练发音技巧，参加英语角拓展学习技能，阅读课外书籍深厚词汇基础，参加英语口语演讲比赛等学校举办的或者学生自己创办的各种课外英语语言知识学习活动。通过多种多样的开放式活动达到培养文化意识的目的。只有为学生提供良好的英语应用平台和实践载体，创造英语语言环境，才能增强大学生语感，使其逐渐形

成文化意识。这样让学生在日常生活中习惯性使用英语，长期交流英语，并在良好的氛围之中自然而然地培养学生的文化意识。

基于大学生对英语的实际需求和掌握情况，文化因素的学习对于大学生来说是很有必要的。将文化意识融合到课堂之中，才能掌控语言技巧和语言习惯，更深刻地体会文化意识在语言学习中所占的一席之地，了解一个民族的根源和发展。教师要强化自身文化意识，引导学生对中西方差异进行思考，训练学生思考问题的能力、感受文化的能力。大学生也要多参与学校组织的英语课外活动，多真正运用语言，从而真正将语言知识应用到实际生活中，在潜移默化中强化文化意识。

第四章 大学英语教学中的交际策略

第一节 口语交际教学理论与实践

一、口语交际教学理论

（一）口语交际的语言学理论

大学英语口语交际的语言学理论涵盖了广泛的概念和原理，其中雅科布森（Roman Jakobson）的交际功能理论是其中的一个关键观点。根据雅科布森的观点，语言是一种社会现象，是一定社会约定俗成的符号系统，其主要目的是为了交流。口语交际作为言语沟通的一种形式，在人际沟通中占据着至关重要的位置。言语沟通是人际沟通中最重要的形式之一，通过语言符号进行信息交流，传递思想、情感、观念和态度，达到沟通目的的过程即为言语沟通。在这一过程中，口语交际作为主要的表达方式，扮演着至关重要的角色。人们在面对面的交流中，通过口头言语沟通，如会谈、讨论、演讲和对话等方式，实现信息的传递和理解。雅科布森的交际功能理论强调了语言的两个主要功能：信息功能和交际功能。信息功能使语言成为思维的工具，而交际功能则使语言成为人际沟通的工具。在口语交际中，人们不仅要运用语言符号进行信息的编码和译码，还需要考虑语言的社会功能，即如何通过语言实现有效的交流。口语交际的语言学理论还涉及信息的转换过程，其中编码和译码是两个基本的操作。编码是发信者将思想转化为语言符号的过程，而译码是接收者将语言符号还原为思想的过程。在这一过程中，信息的转换需要双方具备共同的知识经验，以避免产生歧义和误解。口语交际的心理过程也是理论的重要组成部分。口语交际能力不仅仅依赖于口语词汇和语法规则的掌握，还需要人们具备内部语言的组织能力。内部语言是思想的再现形式，通过对外部信息的感知和内部语言的加工，形成连贯的语意体系。这一内部语言的组织是口语交际的前提，为有效的外部言语表达提供了基础。从认知心理学和社会语言学的角度来看，口语交际也涉及大脑的加工过程。大脑存在着专司听词、看词、说词和成词的不同区域，这些区域协同工作，支持口语交际的正常进行。口语交际需要口脑一致行动，口语训练更偏向于一种强调操作性的语言教学，注重学生对语言的实际运用，而不仅仅是文学鉴赏和文化传承的整体感悟性的读写教学。

大学英语口语交际的语言学理论不仅包含了信息功能和交际功能的概念，还涉及信息的转换过程、心理过程以及大脑的加工机制。这些理论观点为大学英语口语交际的教学和实践提供了理论指导，强调了语言的实用性和交际的重要性。通过深入理解这些理论，我们能够更好地培养学生的口语交际能力，使其在实际生活中能够更加流利地运用英语进行有效的交流。

（二）口语交际的思维科学理论

大学英语口语交际的思维科学理论是对口语交际与思维之间紧密联系的深入研究。从前文可以得知，语言训练与思维有着密切的关联，而口语交际作为语言训练的一部分，与思维的关系更是不可分割的。本节将探讨口语交际训练中的思维科学理论，包括两个环节和四个重点，即单向表达和双向或多向交际环节，以及思维宽度、深度、灵敏度和准确度。口语交际的过程实际上是将思维的结果表述出来的过程，语言是思维的外壳，思维是语言的内核。因此，口语交际水平的高低与一个人的思维能力紧密相关，口语交际水平的提高取决于说话者思维素质和思维能力的提高。思维训练在口语交际训练中起着至关重要的作用。口语交际训练中的思维训练包括两个环节：单向表达环节和双向或多向交际环节。在单向表达环节，思维训练主要关注思维宽度和深度。思维宽度体现在能否全面、辩证地看待问题，具备联想和想象的能力。思维深度则要求能够深刻地发掘话题，提出别具深度的观点。训练方式包括联想训练、想象扩展训练等，通过这些方式培养学生全面、深刻的思维。在双向或多向交际环节，思维训练主要关注思维的灵敏度和准确度。思维的灵敏度表现在能否迅速做出即时反应，以及是否能快速将思维转化为语言。训练思维的灵敏度可以通过实时的交流和即时的反应训练来实现。而思维的准确度要求能够在交际过程中准确地理解话题，做出正确的反应。这需要说话者具备准确运用语言的能力，避免出现错误或误解。思维训练的方式多种多样，包括联想训练、想象扩展训练、想象结果训练等。联想训练通过接近联想、类似联想和对比联想等形式，培养学生的联想能力。想象扩展训练通过引导学生在思维中进行想象，拓展思维的广度。想象结果训练则通过引导学生设想不同情境，提高思维的深度。思维训练的四个重点，即思维宽度、深度、灵敏度和准确度，相辅相成，共同构成口语交际的核心能力。这些重点的把握和检测对提高口语交际水平具有重要的意义。思维宽度和深度的训练要求学生在思考时能够全面、辩证，有富于联想和想象的能力。而思维的灵敏度和准确度则要求学生在交际中能够迅速反应，同时保持准确无误的表达。大学英语口语交际的思维科学理论强调了口语交际与思维之间的紧密关系，通过训练学生的思维宽度、深度、灵敏度和准确度，提高其口语交际水平。这一理论为口语交际的教学提供了理论指导，有助于学生更好地运用英语进行有效的交流。

（三）口语交际的心理学理论

大学英语口语交际的心理学理论强调了口语交际中双方的心理互动和心理状态的重要性。克服心理障碍，具备健全的心理素质，以及懂得心理沟通的方法，是成功人际交往的前提条件。这一理论在口语交际的两个基本环节——单向表达和双向交际中都有着不同的体现。在单向表达环节，口语表达的高标准要求思维运动轨迹的准确性和口语表达与思维运动的同步性或一致性，即“口脑一致性”。实际中，心理因素的干扰可能导致口脑不一致，尤其是在公众场合。因此，心理素质的训练有三个递进层次：基本要求、提高要求和最高要求。基本要求是指在准备充分的情况下，尽量排除心理因素的干扰，保持流畅、自然的口语表达。提高要求要求在心理紧张的情况下，能够进行即时信息编码，以保证口语表达的即兴组合。最高要求则是在无充分准备的情况下，能够根据需要进行“瞬时”信息编码，取得口语交际的成功。在双向交际环节，心理素质的要求不仅包括单向表达环节的要求，还要求说话者能够运用心理学原理分析对方的心理状况和心理活动，并采取相应的应对措施。这意味着口语交际成功不仅取决于自身的表达水平，还取决于对对方心理状态的准确洞察和对应的处理方式。因此，心理素质的训练要求学生在口语交际中能够更全面、灵活地运用心理学原理，实现最佳的语用效果。在心理素质的培养中，可以采用不同的训练方法。对于单向表达，自我心理暗示法、强化训练法等都是有效的方式。自我心理暗示法可以通过积极的自我对话，调整期望值，减轻紧张感。强化训练法则通过增加实践机会，帮助学生克服内向、吐字不清等问题。对于双向交际，学习运用心理学原理进行分析的技能是关键。通过对不同心理状态的了解，选择最佳的表达方式，避免引起不良反应，是提高口语交际效果的有效途径。心理学理论的应用对大学英语口语交际具有深远的意义。它为学生提供了更全面、系统的口语交际训练，不仅注重语言表达的技巧，更强调心理素质的培养。通过训练，学生能够更好地适应不同的口语交际环境，提高沟通的效果。这一理论的实践应用将有助于培养具备全面素质的口语交际者，使其在社会交往中更加自信、流畅、有效地表达自己。

（四）口语交际的教育学理论

大学英语口语交际的教育学理论强调了因材施教的原则，将口语交际与教育学相结合，突出了口语教学的针对性、具体性和及时性。口语交际和教育学原理虽然看似无关，但实际上，在现代社会这个社会分工越来越细的时代，口语交际已经成为不同职业、社会层次之间必不可少的一种沟通方式。因此，将教育学原理引入口语交际的教学中，不仅有助于提高学生的口语表达水平，还能更好地培养学生的个性特点和适应不同口语环境的能力。在口语教学中，因材施教是一个基本原则。这一原则强调，口语教学应该充分了解每一个学生，包括学习成绩、个性特征、家庭背景等方面，以便更好地根据学生的实际情况采取相应的教学方式。这与教育学原理中的“因材施教”是一致的。口语教学不同于其他学科，更需要关注学生的个性和差异，因为口语表达涉及语言技能和情感表达，而这些方面的差异在学生之间是非常明显的。因此，在实践中，教师需要根据学生的差异，采取不同的教学策略，既要鼓励那些较为内向的学生，又要引导那些较为外向但口齿不清的学生。教育学原理中的“尊重差异”也同样适用于口语交际的教学。学生的差异是客观存在的，而且是合理的。在口语教学中，教师应当尊重学生在语言表达方面的差异，不仅要承认这些差异，而且要尊重这些差异。在实际操作中，这就要求教师在制定口语教学计划时，允许学生存在不同方面、不同水平的差异，并在教学中对学生进行个性化的引导和辅导。这样，每个学生都能够得到最适宜的个性发展，最终提高口语交际的能力。口语交际的针对性、具体性和及时性是在口语教学中更为具体的要求。首先，针对性要求口语表达内容适应不同的交际对象和境况，即“因人施教”。这就要求教师在口语教学中，根据学生的实际情况选择不同的交际方式，例如商贸口语、司法口语、教育教学口语等。其次，具体性要求口语表达内容不仅有鲜明的具体性，而且要“言之有物”，即避免使用套话，力求用具体的事例和情感来表达观点。最后，及时性要求口语交际要把握最佳时机，以便取得最佳效果。这一点与口语教学中的及时性相一致，口语教学不仅要关注表达的内容，还要关注表达的时机，以便更好地实现思想感情的真诚交流。教育学原理与口语交际的教学相辅相成。教育学原理提供了因材施教、尊重差异的基本原则，而口语交际的教学则是如何在这些原则的指导下更好地进行。在大学英语口语教学中，将教育学原理引入口语交际的教学中，有助于培养学生更好地适应社会分工细化的口语交际需求，提高其在不同交际环境中的口语表达能力。因此，教育学原理对大学英语口语交际的教学有着深远的影响，为培养具备全面素质的口语交际者提供了理论指导。

二、口语交际教学实践现状

口语交际教学在中国一直是英语教育的短板，这一现象主要可以归因于历史传统和教育体制的双重影响。尽管近年来对口语交际教学的关注有所增加，但仍存在一系列问题，使得学生的口语表达水平难以达到理想状态。“应试教育”体制也对口语交际教学产生了消极的影响。学生普遍倾向于将学习重心放在阅读和写作上，而忽略了口语表达的培养。学生在长时间的应试备考中形成的学习习惯和价值观，使得他们更注重在考试中取得好成绩，而非真正掌握实际的口语交际技能。首先，在实际教学中，部分教师仍然习惯以传统的讲述为主，忽略了与学生进行真实对话的机会。其次，由于课时有限和教学压力，口语交际的训练往往成为可有可无的配角，难以形成系统的培养机制。最后，由于考试评价体系的制约，学生对于口语表达的认知仍然以取得高分为主，而非真实交际中的实际需求。

（一）在教学理论上，口语交际教学理论基础薄弱

在口语交际教学方面，教学理论的基础薄弱是当前面临的一个突出问题。尽管口语交际的研究理论有很多，但在口语交际教学领域，理论体系相对匮乏，这影响了口语教学的实践效果。口语交际教学理论与口语交际理论的不同，导致了教学体系的不成熟和实践的缺乏。从理论的角度看，口语交际教学理论相对欠缺，各类口语交际的研究理论虽然众多，却没有形成一个系统且普遍适用的口语交际教学理论。现有的研究更偏向“口才学”“口语艺术”“演讲与口才”等方面，而缺乏对口语交际能力培养的系统性探讨。教学方法的空白使得口语交际教学陷

入较为被动的境地，缺乏创新和实践的指导。在国内外口语交际教学的比较中，我国口语交际教学的理念和实践存在一些偏差。对口语交际能力的定义模糊，缺乏明确的范围，同时在实施和评价体系上也没有清晰规定。这在教材中表现为口语交际内容缺乏具体可行的方案，形式大于内容，缺乏实践价值。这使得口语交际教学无法形成科学而系统的教学体系，影响了教学效果。由于口语交际教学理论的薄弱，缺乏成熟的教学体系，教学难度增加。即便教师在实际教学中关注学生口语交际能力的训练，由于理论依托不足，训练容易变得盲目和随意。口语交际的实践缺乏理性的指导，容易导致操作的盲目性和随意性，形式化而缺乏实质性的收获。在口语交际教学中，口语交际的话题或内容对学生思维的局限性较大。依赖规定的话题或内容进行训练，容易导致口语交际内容的单一、缺乏趣味性和实时性。现有的口语教材体系缺乏系统性、科学性、趣味性、实用性，这直接制约了口语交际教学的深入开展。为解决口语交际教学面临的问题，亟须加强对口语交际教学理论的研究。建立一个系统而科学的口语交际教学理论体系，明确口语交际的范围和教学目标，为实践提供有力的理论支持。同时，更新口语教材，使其更具系统性、科学性、趣味性和实用性，以促进口语交际教学的提质升级。在实践中，教师需要注重理论知识的学习，灵活运用各类教学方法，创新教学形式，使口语交际教学更具实践效果和深度。

（二）在课程与教材建设上，口语交际课程与教材严重缺失

口语交际课程与教材在我国目前的教育体系中确实存在严重的缺失。相比于一些发达国家，我国在口语交际教育方面的投入和关注程度较低，这在一定程度上制约了学生口语交际能力的培养。在发达国家如德国、美国、英国等，口语交际教育一直被视为教学的重要组成部分。这些国家不仅重视口语交际教学，而且专门编写了相关的口语交际教材，如德国的《说话教育》、美国的《现代美国英语》、英国的《从 5 岁到 16 岁》等。在这些国家，口语交际教学早在中世纪就开始被设立为独立的学科，注重有序、有计划、有组织地进行口语交际能力的培养，并建立了完善的口语测评体系。在我国，口语交际课程与教材的建设相对滞后。虽然师范院校曾经开设过《教师口语》课程，但在中小学和其他高等院校中，口语交际专设课程仍然是一个空白。中小学的语文教材虽然有关于口语交际的内容，但严重不足的课时无法满足学生口语交际能力的培养需求。更为严峻的是，连基

本的课时都得不到保障，更谈不上提供多媒体教室、教学音像资料等有助于口语训练的设施。这种情况制约了口语交际教学的发展，影响着学生口语交际能力的培养。口语交际是一种实践性强、能力要求高的语言技能，需要在具体的课程中得到系统的培养。然而，缺少专门的口语交际课程，意味着学生在语言能力的各个方面可能得不到充分的发展，特别是在口语表达方面的训练存在明显不足。为了改善口语交际教学的现状，亟须在课程与教材建设上进行创新。首先，应该引入专门的口语交际课程，为学生提供有针对性的训练。这些课程可以注重口语表达、交际策略、语感培养等方面的训练，以确保学生在口语交际方面能够全面发展。其次，需要编写符合学科特点和学生实际需求的口语交际教材，注重实用性和趣味性，使学生在学习中能够更主动地参与和体验。此外，学校还应该提供相关的教学设施和资源，包括多媒体教室、教学音像资料等，以提供更好的教学环境。加强口语交际课程与教材建设，是提高学生口语交际能力的重要途径。通过创新教学模式，提高教学资源的配置，可以更好地满足学生口语交际能力培养的需求，使口语交际教学更加有针对性、实践性、有效性。

（三）测评体系和考试内容的缺失

在我国大学英语教学体系中，口语交际的测评体系和考试内容存在明显的缺失，这对学生口语交际能力的培养和评估带来了一系列的挑战。口语交际测评体系的不完善是当前问题之一。目前，大学英语口语考试主要集中在期末考试和四六级口语考试上，而这些考试通常侧重于学生的语法、词汇应用以及简单的口头表达，而缺乏对真实交际场景中综合语言运用能力的全面评估。这使得学生在口语交际方面的真实水平无法得到充分的展现。现行的考试体系往往忽略了学生在实际语言环境中的应对能力、语音语调的自然度、语言连贯性等方面的表现，导致评估结果与实际水平脱节。大学英语口语考试的内容相对单一，缺乏实用性。当前口语考试更偏向于以规定的题材、常见的场景为基础，缺乏灵活性和多样性。考试内容过于固定，学生很容易在事先准备的范围内套用语料，难以真实展示其在未知语境中运用语言的能力。此外，现行的口语考试内容相对孤立，缺乏贯穿全程的主题，导致学生在不同场合的交际能力得不到全面锻炼。这使得学生往往对考试中所需表达的语言形式有所准备，但在实际的交际场景中可能感到无所适从。为解决上述问题，我们应该从以下几个方面进行改进：建立多层次、多维度的口语交际测评体系。不仅仅要关注语法、词汇的正确使用，更要注重考查学生在真实语境中的交际能力。可以通过引入口语面试、小组讨论、角色扮演等多种形式，全面考察学生的口语表达能力、听说能力、语言交际策略的灵活运用等方面的素养。拓展口语考试的题材和内容。可以引入更加贴近学生实际生活和学习的话题，如日常交往、学术讨论、社会热点等，以提高考试的实用性和灵活性。同时，可以设计一些开放性的题目，鼓励学生展开自由表达，以考察其语言思维能力和语篇组织能力。强化口语考试的综合性。可以设计一些贯穿整个考试的主题，要求学生在不同环节展示不同层次的语言运用能力，如在听力理解的基础上进行口头回答、小组讨论，最终完成口头汇报等。通过这样的方式，能够更全面地了解学生的语言综合运用水平。引入实时互动的评估方式。可以考虑在口语考试中引入现代科技手段，如语音识别技术、在线实时互动等，使评估更加客观、准确，也更贴近真实交际场景。大学英语口语教学应该以培养实际交际能力为目标，从测评体系和考试内容入手，通过多元化、实用性强的设计，使口语考试更能真实地反映学生的语言能力，促进口语交际能力的全面提升。

（四）口语教师自身语言素养的欠缺

在大学英语口语教学中，口语教师自身语言素养的欠缺是一个值得关注的问题。教师在语言素养方面的表现直接关系到学生的口语交际能力培养，因此，提高口语教师的语言素养水平是促进口语教学质量的重要环节。部分口语教师在语言表达能力上存在欠缺。一些口语教师在进行口语教学时，可能受制于自身语言表达能力的限制，难以用富有表现力和生动性的语言来激发学生的学习兴趣。这可能导致教学过程显得单调乏味，难以引起学生的积极参与。提高口语教师的语言表达能力，需要不断地加强自身语言运用的训练，注重词汇积累和语法运用，使得教师在口语交际中能够更为流利、自如地表达思想。一些口语教师在语音语调的准确性上存在问题。语音语调是口语交际中至关重要的因素之一，直接影响到学生的语音学习和口语表达的自然度。如果口语教师在语音语调上存在明显的问题，可能会对学生产生误导，影响其口语发音的准确性。因此，口语教师需要注重对自身语音语调的规范化培养，通过模仿、训练等方式提高语音的准确性，使得教师能够成为学生良好的语音榜样。部分口语教师在语言文化意识上存在欠缺。口语交际不仅仅是语法和词汇的简单组合，还涉及文化差异和语境的理解。

一些口语教师可能对英语国家的文化差异和社会语境了解不足，导致在教学中忽略了语境的营造和文化背景的引入。这会影响学生对口语交际的整体理解和应用。因此，提高口语教师的语言文化意识，培养其对英语语境和文化的深刻理解，有助于提升口语教学的质量。为解决口语教师语言素养欠缺的问题，可以从以下几个方面进行改进。定期进行口语教师的专业培训。通过组织专业的培训课程，帮助口语教师提高语言表达能力、语音语调的准确性以及语言文化意识，使其更好地胜任口语教学任务。加强对口语教师的评估和反馈。通过定期的评估机制，对口语教师的语言表达、语音语调等方面进行全面评价，及时给予反馈和指导，帮助其发现和纠正问题。提供语言学习资源和学习机会。为口语教师提供更多的英语学习资源，鼓励其参加语言学习活动，不断提升自身的语言水平，以更好地服务于口语教学。提高口语教师的语言素养水平是促进大学英语口语教学质量的关键之一。通过系统的培训、评估机制和学习资源的提供，可以帮助口语教师更好地适应口语教学的需求，为学生的口语交际能力培养提供更好的支持。

第二节 口语交际能力的培养

一、口语交际能力培养训练的原则

（一）科学性原则

口语交际能力训练的原则之一是科学性原则，这一原则要求教师在教学过程中要注重科学性，即在安排教学内容和进行课时分配时要避免低效、无目的的教学。为了确保科学性，教师需要进行预先设计，并根据学生的具体情况进行具体分析，从而确定明确的教学目标。这有助于确保学生在每一次的学习后都能够有所收获。在口语交际能力的训练中，不应一味追求数量的积累，而应更注重质量。教师在设计教学内容时要确保内容的质量，以提高学生的口语表达能力。而在课时分配上，也应根据学生的学习实际情况做出相应调整。这意味着教师需要灵活运用教学时间，根据学生的掌握程度来增加或减少相应课时，而不是一味地按照预定计划一成不变。从大学英语口语角度来看，科学性原则的实施意味着教师需要深入了解学生的英语水平、学习风格和口语表达需求。只有充分了解学生的实际情况，教师才能够有针对性地设计教学内容和制定合理的课时安排，以满足学生的学习需求。这可能包括通过课前调查了解学生的口语水平，根据调查结果制定个性化的教学计划。在口语交际能力的训练中，科学性原则还强调了教学目标的明确性。教师在设计口语训练的目标时应该确保目标具体清晰，能够量化和评估。例如，一个明确的口语目标可以是提高学生在特定场景下的口头表达能力，或者增加学生在交际中使用丰富词汇的能力。这有助于学生更加明确自己的学习方向，也为教学过程提供了明确的指导方向。科学性原则还要求教师在教学过程中注重反馈和评估。通过定期的口语表达任务和评估活动，教师可以及时发现学生的问题，帮助他们纠正错误，提高口语水平。同时，通过给予积极的反馈和奖励，可以激发学生学习英语口语的积极性和兴趣。科学性原则是口语交际能力训练中至关重要的原则之一。它要求教师在教学设计和课时分配中注重科学性，以确保教学目标的实现和学生口语表达能力的全面提升。通过科学性的教学，学生将更加有效地提高口语交际能力，为将来的学术和职业发展奠定坚实基础。

（二）应用性原则

应用性原则是口语交际能力训练中的另一重要原则，其核心理念在于培养学生的口语交际能力，并将所学知识应用到实际生活和社会中。特别对于大学生而言，这一原则更是至关重要，因为他们需要在未来的职业和社交场合中展现出卓越的口语表达能力。在大学英语口语教学中，应用性原则的贯彻执行是促使学生真正掌握口语交际技能的关键。应用性原则要求教师将口语交际能力的培养贴近生活、贴近社会。课堂内容应当紧密结合实际情境，使学生能够在学习中感受到语言在实际应用中的重要性。例如，通过模拟真实生活中的场景，如面试、商务谈判、社交活动等，让学生在课堂上通过角色扮演等方式实际运用口语技能。这样的教学方法可以增加学生的兴趣，提高他们的学习积极性，并使口语技能更加贴近实际应用。避免将课堂变成传统模式中的教师一言堂，即只是一味传授口语交际的理论知识。教师应该充当引导者和激励者的角色，鼓励学生积极参与，培养他们独立思考和表达的能力。通过采用互动式的教学方法，如小组讨论、问题解答、案例分析等，激发学生思维，引导他们在真实情境中进行口语交际实践。应用性原则要求在课堂中将理论与实践紧密结合起来。除了传授口语交际的理论知识，教师还应该提供实际的语言技能训练，包括语音、语调、表达技巧等方面的实际操作。通过反复的实践，学生可以更好地掌握这些技能，并能够更自信、流利地进行口语表达。多样化的口语交际活动也是应用性原则的体现。教师可以在课堂中设计各种交际情境，如模拟会议、角色扮演、小组合作等，让学生在不同场景中实践口语交际技能。这样的活动不仅增强了学生的口语表达能力，还培养了他们在不同情境下灵活运用语言的能力。应用性原则要求学生在课外的交际场合中能够将所学所练真正投入到实践中去。这可以通过组织社会实践活动、参与语言交流俱乐部、参加实习等方式实现。这样的实践活动不仅丰富了学生的社会经验，也为他们提供了更多展现口语交际能力的机会，为将来的就业打下了一个良好的口语基础。在大学英语口语教学中，应用性原则的贯彻执行不仅要求教师具备丰富的实践经验和教学创新能力，还需要学生具备积极的学习态度和实践动力。通过科学而灵活的教学方法，结合生活、贴近社会，培养学生在口语交际方面的实际应用能力，大学英语口语教学才能真正取得显著的成效。这不仅有助于学生更好地适应未来社会和职业的要求，也为他们个人发展奠定了坚实的基础。

（三）主体性原则

主体性原则在大学英语口语教学中显得尤为重要，因为口语交际训练需要更加关注学生的个性和特点，要求因势利导、因材施教。这一原则要求教师将学生视为口语交际教学中的主体，引导他们积极参与、主动学习，充分发挥主观能动性。在这个领域，刻板的说教是不可容忍的，而教师的任务是激发学生的兴趣和动力，让他们在学习口语交际的过程中真正成为主人翁。口语交际训练要注重学生的主观能动性。学生在口语交际教学中应该是主体，而不是被动接受者。教师需要为学生创造积极的学习环境，激发他们的学习兴趣，让他们从被动的学习状态中解放出来。这可以通过设计富有趣味性和挑战性的口语任务，引导学生在实践中发现问题、解决问题，从而主动参与到口语交际的过程中。学生的个性差异需要被充分考虑。每个学生在口语交际方面的起点和发展速度都是不同的，因此教师应该因材施教，采用差异化的教学方法。一些学生可能更善于表达，而另一些可能更需要在语法或发音方面进行针对性的训练。教师应该了解学生的个性特点，根据其需求提供有针对性的指导和帮助，让每个学生都能够在口语交际训练中找到适合自己的路径。在大学英语口语教学中，主体性原则要求教师将学生视为学习的主体，而不是简单地灌输知识。教师可以通过启发性的问题、小组讨论、案例分析等方式引导学生自主思考，促使他们从多个角度理解和运用英语口语。这不仅有助于提高学生的口语表达水平，还培养了他们的批判性思维和创造性思维能力。口语交际训练中要避免刻板的说教。学生通常对于枯燥的、死记硬背的教学方式缺乏兴趣，而口语交际的本质是生动活泼、灵活多样的。因此，教师应该采用生动有趣的教学手段，如游戏、角色扮演、实地考察等，激发学生的学习兴趣，使他们在参与中真正体验到语言运用的乐趣。在教学过程中，教师应该调动起学生的热情，让他们认识到参与其中的重要性和目的性。通过与学生建立积极互动的关系，教师可以更好地了解学生的需求和兴趣，有针对性地设计教学内容。同时，及时给予学生鼓励和赞扬，让他们在积极的反馈中感受到成就感，从而更愿意投入到口语交际的学习中。要培养学生在口语交际方面的自觉意识。学生需要认识到口语交际能力的重要性，并主动参与到学习中，不仅在课堂上锻炼口语技能，还要在实际生活中应用所学。教师可以通过引导学生制定学习计划、设定学习目标，培养他们在日常交往中有意识地运用口语技能，形成自觉培养口语交际能力的良好习惯。主体性原则在大学英语口语教学中是至关重要的，它要求教师充分尊重学生的个性，激发学生的学习热情，使他们成为学习的主体。通过差异化的教学方法、引导学生自主思考和参与，以及培养学生自觉意识，主体性原则有助于提高学生的口语表达能力，使他们更好地适应未来的社会和职业要求。在这一原则的指导下，口语交际教学才能真正成为一种富有活力和成效的学习体验。

二、口语交际能力培养训练方法

（一）循序渐进，系统训练

口语交际训练的方法是培养学生口语表达能力的有效途径之一。在大学英语口语教学中，循序渐进、系统训练是确保学生口语能力全面提升的关键。口语训练应该循序渐进，由简到繁，由易到难。这体现在基础训练阶段，其中包括普通话的语音、词汇和语法的训练。学生首先需要建立起对基本语音的准确掌握，确保发音准确、自然。接着，词汇的积累和语法的理解成为基础训练中的重要环节。这一阶段旨在使学生建立起对语言基础知识的牢固掌握，为后续口语表达打下坚实基础。基础训练的同时，还需要结合普通话水平测试进行朗读指导和说话指导的训练。这包括了发音的纠正、语调的调整以及语速的掌握等方面，确保学生在表达时不仅准确，而且富有表现力。同时，态势语言训练、心理素质训练和思维训练也是基础训练中的重要组成部分，使学生能够更好地理解和运用语言。口语训练应该由基础训练逐步过渡到专业技能训练。这包括表述基本形式和表述与交际的基本类型的训练。在表述基本形式方面，学生需要逐步从凭借文字材料的表述训练过渡到不凭借文字材料的训练，从而提高其即兴表达的能力。在表述与交际的基本类型方面，学生需要掌握单向表述和双向交流的技能，能够在不同的场景中进行口语表达。专业技能训练的过程需要考虑从读到说的转变，从片段到整段、整篇的扩展，以及从照稿说到按提纲说、背着说到即兴说的逐步过渡。通过这些训练，学生能够逐渐形成完整的表达思维链条，提高在口语表达中的逻辑性和连贯性。循序渐进、系统训练的目的是使学生从初步掌握口语技巧到熟练运用再到运用自如，形成口语交际的技能。这一过程不仅仅是技能的学习，更是能力的培养。通过逐步提高训练的难度和复杂度，学生将逐渐适应不同的口语交际场合，提高应对各种情境的能力。这种循序渐进的口语训练方法有助于适应大学生的思维特点，切合了大学生口语交际能力较低的现状。在这一过程中，学生不仅能够建立坚实的语言基础，还能够在实践中逐步提高口语表达的能力，培养综合运用语言的能力。口语交际训练的循序渐进、系统训练方法是一种科学、有效的教学手段。通过合理的训练规划，学生能够逐步提高口语表达的水平，形成自己的口语风格，为未来的学术和职业发展奠定坚实的基础。这一方法也体现了口语交际训练的规律和科学性，是提高学生口语交际能力的重要途径。

（二）讲练结合，重在实践

口语交际训练的方法之一是讲练结合，重在实践。这一方法强调培养大学生的口语交际能力，突出口头表达的实际练习，使学生在实践中不断提升口才，形成良好的口语表达能力。以下将深入探讨讲练结合的原则，并展开讲述在大学英语口语教学中的具体实践。

口语训练要以培养口头表达能力为主。口语交际的核心在于能够流利、准确地表达思想，因此，培养学生的口头表达能力是口语训练的首要目标。讲练结合的原则中，讲虽然涉及传授理论和知识，但更重要的是为学生提供理论支持，引导学生在实践中逐步提高表达水平。实践性的口语交际训练要重在实际练习。语言是一种实践性的技能，只有通过不断的实际练习，学生才能真正掌握口语交际的技巧。在大学英语口语教学中，可以通过各种实践活动，如角色扮演、小组讨论、情景模拟等，让学生在真实的语境中进行口语表达。这样的实践性训练有助于学生更好地应对各种交际场景，提高他们的口语表达能力。课堂结构要符合“基础理论—典型事例—系统训练—总结评议”的原则。在讲练结合的教学过程中，课堂结构的设计至关重要。首先，通过基础理论的讲解，为学生提供口语训练的理论指导，明确训练的目标和方法。接着，通过典型事例的呈现，让学生在实际案例中感受口语表达的应用，培养他们的实际应用能力。随后，进行系统训练，即在不同层次和难度上进行有计划的口语练习，确保学生能够逐步提高口语表达水平。最后，通过总结评议，反思训练过程，激发学生的自我认知和提高意识水平。在大学英语口语教学中，讲练结合的方法可以通过以下方式实践：在课堂中，教师可以结合口语训练的理论知识，介绍口语表达的基本原则和技巧。通过案例分析，让学生在理解理论的同时，看到实际场景中的口语表达应用，激发学生的学习兴趣。利用角色扮演、情景模拟等方式，在课堂中创设真实的语境，让学生在模拟的情景中进行口语表达。这有助于培养学生在实际生活中运用口语技能的能力。将学生分成小组，进行口语讨论和互动。这种形式能够激发学生的积极性，培养他们团队协作和口头表达的能力。组织学生进行即兴演讲，或者给予提纲让学生根据提纲进行口语表达。这样的训练有助于提高学生的即时反应和组织语言的能力。在口语训练过程中，及时给予学生针对性的反馈和评估，帮助他们发现问题、改进表达方式。通过反馈机制，促使学生不断进步。讲练结合、重在实践的口语交际训练方法是一种注重实际操作、理论与实践相结合的有效教学手段。通过有计划的训练过程，学生能够在理论指导下，通过实际练习逐步提高口语表达能力，更好地适应未来社会和职业的需要。这一方法有助于培养学生的自主学习能力和实际运用语言的能力，为其口语交际打下坚实基础。

（三）听说兼顾，四个结合

口语交际训练方法是培养大学生口语交际能力的关键，其中听说兼顾、四个结合是一种综合而全面的策略。这一方法强调了口语训练中听力和口语的相辅相成的重要性，并通过四个结合的原则来提高训练效果。口语训练中要兼顾听说能力。尽管口语主要是关于说的技能，但听力在其中占有重要地位。听是语言学习的重要途径，通过聆听，学生能够接触到地道的语言表达方式、自然的语音语调，从而更好地理解和模仿。同时，通过听力训练，学生能够提高语感，增强对语言的敏感性，为更流利、自然的口语表达打下基础。四个结合的原则体现了在口语训练中综合运用多种手段的必要性。这包括了课堂练习和课余练习相结合，即在有限的课堂时间内进行基础训练，而在课余时间通过更多、更实际的练习来提高口语水平。这也可以通过口语训练与其他课程相结合，将口语练习融入不同学科的学习中，提高实际运用的机会。此外，口语课程与校内外社团或其他社会实践活动相结合，使口语训练更具实际意义，丰富学生的交际体验。口语交际训练需要与社会紧密结合。口语是一种社会交往的工具，与社会环境相互作用。通过将口语课的教学与校内外社团或其他社会实践活动相结合，学生能够在真实社会场景中运用口语技能，提高实际交际能力。这种结合也能够促使学生更好地理解语言与社会的互动关系，培养他们在各种情境下的交际敏感性。传统的教学方法与现代教育技术的结合是为了更好地满足学生的学习需求。传统教学方法注重基础理论的传授和实践的指导，而现代教育技术则提供了更直观、形象的学习方式。通过结合两者，可以更全面地激发学生的学习兴趣，提高他们的学习效果。例如，利用电化教育的可视、可听特点进行口语示范和自我评价，可以增强学生对口语表达的理解和掌握。听说兼顾、四个结合的口语交际训练方法是一种综合性的教学策略，旨在培养学生全面的口语交际能力。通过充分利用听力训练、实践性的练习、社会实践活动以及传统与现代教育技术的结合，学生能够在不同层面、不同维度上提高口语表达水平，更好地适应未来的社会和职业需求。这种方法要求学生在口语训练中注重坚持，将科学、系统、规范的口语教学策略与自身的需求和社会需要相结合，从而实现口语交际能力的全面提升。

第三节 写作与表达技巧的提升

一、重视情感教学，激发学生英语写作的兴趣

大学英语写作与表达技巧的提升，特别是在学生对写作缺乏兴趣的情况下，可以通过重视情感教学来激发学生的写作兴趣。写作是语言学习的重要环节，但学生对写作的兴趣常常不足，缺乏自信，甚至产生焦虑和自卑心理。因此，通过有意识、有目的地观察和协调各种心理因素的关系，帮助学生树立自信心，减少焦虑自卑心理，以真情启发学生，鼓励他们，是提升写作技巧的关键之一。

在写作教学中，教师可以采用以下方法：通过鼓励、赞扬和正面激励，帮助学生树立积极的学习态度。教师可以关注学生的写作成果，给予肯定和建议，让

学生感受到写作的乐趣和成就感。根据“情感过滤假设”，学生的情感状态会影响语言习得效果，因此，教师应注重调动学生的情感因素，使他们处于积极、乐观的学习状态。可以通过鼓励学生分享个人经历、情感体验，让写作变得更加真实、生动。设计有趣、富有创意的写作活动，激发学生的想象力和创造力。例如，给学生一个主题，让他们以诗歌形式表达，引导他们在写作中享受语言的美感和表达的乐趣。引导学生接触实用的写作模式，如书信、便条、简历等。通过实际的应用场景，让学生认识到写作是一种实用的技能，有助于提高他们的写作兴趣。了解学生的兴趣、爱好和个性特点，给予个性化的写作指导。根据学生的不同需求，提供有针对性的写作练习，让学生更好地发挥自己的优势。设计多样化的写作任务，包括散文、议论文、小说等不同体裁。通过尝试不同的写作形式，学生可以培养多样化的写作技能，增加写作的趣味性。鼓励学生进行合作写作、小组讨论，促使他们在写作过程中进行交流与分享。社交化的写作活动有助于学生从彼此的经验中学习，提高他们的写作水平。通过以上方法，教师可以创造出积极、鼓舞人心的写作学习氛围，激发学生对英语写作的兴趣。同时，注重情感因素、创意写作活动、实用写作模式等方式也能够提高学生对写作的自信心，减轻焦虑和自卑心理，使他们更主动地投入到写作学习中。这样的写作教学策略有助于培养学生良好的写作习惯，提高他们的写作水平，使写作成为一种愉悦的语言表达方式。

二、加大语言信息的输入，促使学生对语言的内化机制的形成

（一）将阅读当作一个重要的信息输入过程重视起来

提升大学英语写作与表达技巧，加大语言信息的输入是至关重要的。其中，将阅读当作一个重要的信息输入过程是一种有效的策略。通过使学生更多、更广泛地接触英文原版出版物，包括报纸、杂志或文学作品的原文简写本，可以促使学生形成用英文思维的习惯，从而培养他们的书面表达能力。将阅读视为提高写作能力的有效途径。阅读是获取语言信息的主要手段之一，通过大量的阅读，学生可以接触到各种各样的语言素材，包括不同领域的词汇、表达方式以及写作结构。因此，教师应该引导学生养成良好的阅读习惯，使其在阅读中能够获取丰富的语言输入。鼓励学生阅读英文原版的报纸、杂志或文学作品。通过接触原汁原味的英文材料，学生能够更深入地了解英语的表达方式、文化内涵，提高他们对语言的理解和运用能力。教师可以推荐一些适合学生水平的原版文学作品，引导

他们逐步拓展阅读范围。鼓励学生在阅读过程中逐渐形成用英文思维的习惯。这意味着学生在阅读时要尽量避免中文思维，尽可能地用英文来理解、分析和思考。这种习惯的形成有助于学生在写作时更流畅、自然地表达英文思想。阅读不仅能够帮助学生吸收新的语言知识，还能够在阅读中对已学知识进行复习和巩固。通过不断接触新的语言结构和表达方式，学生可以逐渐提高他们的写作水平，丰富他们的表达技巧。通过大量的阅读，可以帮助学生形成更丰富、更流利的语言表达能力。这对于写作能力的提高至关重要，因为一个拥有良好表达技能的学生更能准确、自信地用英语表达自己的思想。将阅读作为一个信息输入的关键过程，对于提升大学生英语写作与表达技巧具有重要作用。通过重视阅读过程、广泛接触原版出版物、形成用英文思维的习惯、吸收新知识和巩固已学知识，可以帮助学生更好地理解和运用英语，从而提高他们的写作水平。在教学中，教师应该引导学生主动进行阅读，注重培养学生的阅读兴趣，使其能够在不同领域积累足够的语言素材，为写作能力的提升奠定坚实的基础。

（二）从课外活动中加深英语语言知识的领会

提升大学英语写作与表达技巧的一个关键方面是加大语言信息的输入，促使学生对语言的内化机制形成。除了课堂内的教学，课外活动同样是学生提高英语语言水平、拓展语言知识的重要途径之一。定期组织听英语专题报告，邀请专业人士或擅长英语的同学进行英语演讲，内容涵盖各个领域，如文学、科技、文化等。通过聆听专业性的英语报告，学生可以接触到专业术语和实际运用，从而加深对英语语言的认识。提供学生大量的英语听力素材，包括录音和广播。这可以包括新闻报道、采访、讲座等。通过听力训练，学生可以提高对不同口音和语速的适应能力，同时丰富自己的词汇和语法知识。鼓励学生观看英语电影、纪录片或其他视频资源。这不仅可以提高他们的听力水平，还能通过视觉方式更好地理解语言使用的情境和表达方式。同时，学生可以通过模仿电影中的语言表达，提升自己的口语表达能力。鼓励学生积极参与校内外的英语角或其他语言交流活动。这种活动可以提供实际的语言使用场景，促使学生主动运用英语进行交流，加深对语言的内化。鼓励学生阅读英语杂志、博客和社交媒体上的文章。这样的阅读能够让学生接触到生活化的语言使用，了解不同领域英语的表达方式，同时拓展词汇量和语法知识。通过这些课外活动，学生不仅可以增加对英语的直接接触，还能够在实际应用中更好地理解语言知识。这有助于形成语言内化的机制，使学生更自然地运用英语进行表达。同时，通过参与各种活动，学生还能够培养英语思维的习惯，提高他们在语境中的语言敏感度和交际能力。

（三）将英语写作教学的各种方法融于一体

提升大学英语写作与表达技巧的一个关键策略是将英语写作教学的各种方法融于一体。这涉及在课堂教学中采用不同的教学方法，既能够满足教师的指导作用，又能够激发学生的积极参与和思维发展。在课堂中，可以灵活运用不同的教学模式。教师为中心时，教师扮演导演的角色，指导学生进行写作活动。这有助于学生从教师的指导中获取具体的写作技巧和知识。而在学生为中心的活动中，可以采用小组讨论的方式，让学生在团队中合作，深入探讨特定主题，从而加深对写作主题的理解和认识。强调教与学的一体化，即教师既是信息的传递者，也是实践活动的组织者。在信息传递的过程中，教师应当启发学生积极进行思维，引导他们运用英语进行深入思考。教师在这个过程中起到决定性的作用，引导学生更好地理解和应用所学知识。强调培养学生的主动思维，鼓励他们在思维方式、衔接方法上进行多样性的尝试。通过提供不同的写作题目和场景，教师可以激发学生积极思考，并在实践中逐渐培养他们用英语进行思维的意识。这有助于学生形成对语言的内化机制，使得他们能够更自然地表达自己的思想。在课堂中融入多样的实践活动，如写作练习、小组合作、角色扮演等。通过这些实践活动，学生可以更深入地理解和运用所学的写作技巧，培养实际应用的能力。这也有助于激发学生对写作的兴趣，使其更加主动地参与到写作过程中。将英语写作教学的各种方法融于一体是提升学生写作与表达技巧的有效途径。通过教师的指导、学生的积极参与以及多样的实践活动，可以促使学生更全面地掌握写作技能，培养他们用英语进行思维和表达的能力。这样的综合教学方法既注重教师的指导作用，又注重学生的主动思维和实际应用，有助于形成更为完善的语言内化机制。

三、运用不同英语写作教学模式，创造条件引导学生参与各种写作活动

（一）“学生阅读—教师导读—学生动笔”的写作训练模式

运用不同的英语写作教学模式，并创造条件引导学生参与各种写作活动，是提升大学生写作与表达技巧的有效途径。其中，“学生阅读—教师导读—学生动笔”的写作训练模式是一种可行的方法。学生在阅读时需要有意识地留意、记忆、实践、

重复和模仿语言材料。这意味着他们不仅要理解阅读材料的内容，还要注意语言的表达方式、句型结构、词汇搭配等。通过有目的地阅读，学生可以更好地吸收语言知识，为写作提供源源不断的素材。在教师导读的过程中，教师的作用是引导学生深入理解语篇，超越句子层面，把握语篇的整体结构和特点。语篇分析的重要性不可忽视，教师可以运用语篇语言学的理论知识和方法，帮助学生认识语篇模式，了解英语语篇建构的内在规律，培养提高学生的语篇能力。教师可以引导学生确定文体，并分析文体特征和语篇结构。通过分析语篇衔接过程和内在结构，帮助学生准确掌握语篇的基本内容和中心思想。教师应注意分析语料中的语言特点，包括书面语和口头语的使用，修辞手法的运用等。这有助于学生提高语言鉴赏能力，理解不同场合下的语言表达方式。通过上述阅读和导读的过程，学生已经积累了丰富的语言素材和对写作主题的深刻理解。在学生动笔阶段，教师可以鼓励学生根据所学知识进行写作练习，创作有效交际的语篇。这个阶段的写作活动可以包括个人作文、小组合作写作等形式，以促使学生积极参与，发挥创造性。通过这个模式，学生不仅能够在阅读中获取语言输入，还能在教师的引导下理解语篇结构和语言特点，最终运用所学知识进行写作。这样的教学模式有助于培养学生的写作能力，使他们更好地应对各类写作任务。同时，这也符合“运用不同英语写作教学模式”的原则，提高了教学的灵活性和适应性。

（二）小组集体写作

小组集体写作是一种促使学生参与各种写作活动的有效教学模式。通过将学生分成小组，让他们合作完成写作任务，可以激发学生的合作意识、提高写作兴趣，同时也为他们提供了相互学习和切磋的机会。教师首先指导学生分成小组，每个小组中的成员可以共同讨论写作题目，制定谋篇布局，并确定最佳的写作方案。这一阶段的合作有助于学生深入思考写作的结构和内容，培养团队协作的能力。小组成员在确定好写作框架后，进行集体讨论，逐段逐句地进行写作。在这个过程中，学生可以共同商讨每个段落的表达方式、语言运用等，互相提供意见和建议。这有助于学生在集体智慧的引导下完成更为完善的写作。学生在写作过程中遇到困难时，可以随时请教老师。教师的指导既可以解决学生的疑惑，又可以提供专业的建议，确保小组写作的质量和效果。完成写作后，教师进行评改，并将评改后的文章分发给各小组。随后，小组再次进行学习讨论，从教师的反馈中汲取经验共同总结和改进写作。小组集体写作的优点在于能够培养学生的合作意识和团队协作能力。学生在小组中可以互相交流、相互学习，从不同角度获取思路和观点。此外，小组集体写作也减轻了教师的负担，通过一次指导多人的方式提高了教学效率。教师在实施小组集体写作时需要注意监控每个小组的进展，确保每个学生都能积极参与，防止出现局部困扰。同时，激发学生的参与意识，使每个学生都感到对整个写作过程负有责任，是小组集体写作成功的关键。

第四节 听力与阅读理解的教学方法

一、听力的教学方法

（一）听前准备法

在英语教学中，尤其是听力教学中，听前准备工作是至关重要的一环。通过有效的听前准备，学生能够更好地应对听力任务，提高对英语听力材料的理解和把握。以下是一些方法和建议，帮助教师更好地引导学生进行听前准备，提高他们的听力水平。

在播放听力材料之前，教师可以提前设计一系列问题，涵盖材料中可能出现的关键信息，如地点、人物、时间等。这些问题不仅有助于学生更好地理解听力任务，也能够引导他们在听的过程中有目的地关注特定信息。例如，上述题目的听前问题可以包括："对话中提到的地点有哪些？""在对话中，人物主要在哪里进行活动？"等。教师可以鼓励学生在听前回顾相关的背景知识。这包括熟悉与听力材料相关的词汇、短语、语法结构等。通过梳理听前知识，学生能够更迅速地理解听力内容，提高对材料的整体把握力。在布置听力任务时，教师可以强调问题的重点，指导学生在听的过程中有目的地寻找关键信息。这有助于学生集中注意力，防止在听力过程中过度分散注意力，提高信息捕捉的准确度。教师可以设计一些听前推测的任务，引导学生在听之前根据题目进行猜测，预测可能出现的内容。这种听前推测能力有助于学生在听力过程中更有针对性地寻找信息，提高听力效率。在正式播放听力材料之前，教师可以组织学生进行小组或全班讨论。学生可以分享对听力任务的期待、对相关主题的了解，这有助于激发学生的兴趣，提高他们对听力任务的主动性。通过以上方法，教师能够在听前准备阶段引导学生有目的地关注关键信息，提高他们的听力水平。这种有效的听前准备法有助于学生更好地应对各类听力任务，培养他们在真实语境中运用英语的能力。

（二）抓听关键词法

在英语听力教学中，抓听关键词法是一种有效的策略，有助于提高学生对听力材料的准确理解和快速应对听力任务的能力。在进行听力任务之前，教师可以明确告诉学生关键词在听力理解中的重要性。关键词通常包括涉及地点、人物、时间、行为等与听力任务相关的信息。通过强调关键词的作用，学生能够更有针对性地聚焦在关键信息上，提高信息捕捉的准确度。在听力任务中，教师可以引导学生仔细分析问题，找出问题中的关键词。问题中的关键词往往直接与听力材料中的重要信息相对应。通过学会分析问题，学生能够更有针对性地聚焦在关键词上，提高解题效率。在听力任务中，学生可以通过仔细阅读问题选项，找到与材料中关键词相对应的内容。这种关键词定位的方法有助于学生更迅速地找到正确答案，提高应对听力任务的速度。关键词的理解往往需要结合语境进行，教师可以指导学生注意语境中的关联性，通过关键词在对话或文章中的语境关系来理解其含义。这种方法有助于提高学生对关键词的深层次理解。在听力活动之前，教师可以让学生先行进行关键词的听前预习。学生可以通过阅读问题、选项等，提前了解关键词的可能出现情况，为正式听力任务做好准备。通过引导学生运用抓听关键词法，教师能够培养学生快速捕捉信息的能力，提高他们应对各类听力任务的信心。这种方法既有助于学生在有限时间内迅速获取信息，又能够培养他们对语境的敏感度和理解能力。

（三）理解主旨大意法

理解主旨大意是提高学生听力水平的重要方法之一。以下是一些教学方法和建议，帮助教师有效地引导学生运用理解主旨大意法。

在听力材料播放过程中，学生不必纠结于理解每一个生词和句子，而是应该注重整体把握，尽量理解整个材料的主旨大意。这样可以确保学生在有限的时间内获取到更多的信息。学生在听力过程中要学会抓住关键信息，例如人物、地点、时间、事件等，这些信息通常是理解主旨大意所必需的要素。通过抓住关键信息，学生能够更好地理解材料的核心内容。理解主旨大意还需要注意材料的段落结构。学生可以通过关注段落的开头和结尾，以及段落中的重点句子，来推断整个段落的主题和核心意思。这种方法有助于学生更系统地理解整个材料。学生在听力过程中可以善用上下文线索，通过前后文的关系来推断未知信息。上下文提供的线索往往有助于学生更好地理解生词或不太熟悉的表达方式。教师可以引导学生练习主题句的识别能力。主题句通常包含段落的核心思想，通过识别主题句，学生能够更迅速地理解段落的主旨大意。在听力任务完成后，教师可以组织学生进行听后讨论，分享各自对材料主旨大意的理解。这有助于学生从多个角度理解材料，拓展思路，提高综合理解能力。通过引导学生运用理解主旨大意法，教师能够培养学生对整个听力材料的整体把握能力，提高他们理解英语听力的效率和准确性。这种方法有助于学生在复杂的听力环境中更好地应对各类听力任务。

（四）注意细节法

在英语听力教学中，注意细节是提高学生听力技能的重要方法之一。教师在引导学生时，应强调关键信息的获取。关键信息通常包括时间、地点、人物、事件等，这些信息对于整体理解起到重要作用。通过强调关键信息，学生能更有针对性地听取所需信息。在听力任务开始前，教师可以帮助学生通过题目或问题提前预测可能涉及的细节信息。这种预测有助于学生在听的过程中有目标地关注关键细节，提高信息筛选的能力。数字和数据通常是听力任务中的细节信息之一。学生需要注意听取具体的数字、统计数据等，这有助于他们在听后正确回答问题或做相关总结。在一次听力任务后，教师可以组织学生进行多次听取，重点放在不同的细节信息上。通过多次听取，学生有机会更全面地理解材料，提高捕捉关键细节的能力。为了更好地记录细节信息，教师可以鼓励学生在听的过程中做简要的笔记。这有助于学生在后续的问题回答中查找和确认信息。教师可以帮助学生制定听取计划，即在听的过程中分阶段关注不同类型的细节信息。例如，先关注时间，再关注人物，以提高信息处理的效率。在听力任务完成后，教师可以组织学生进行听后验证，即检查学生听取的细节信息是否准确。这有助于学生对自己听力的准确性进行评估和反思。通过引导学生注意细节，教师可以培养学生的信息捕捉和处理能力，使其更熟练地在听力任务中获取必要的细节信息。这种方法有助于学生更好地应对各类听力挑战，提高整体听力水平。

（五）借助辅助信息法

在英语听力教学中，借助辅助信息法是帮助学生更好理解听力材料的一种重要方法。这包括听觉信息、视觉信息和已知信息等多个方面。听觉信息是听力活动的核心，包括语气和语调。学生在听力过程中应注意说话人的语气和语调的变化，因为这些变化往往能传递更多的信息，如说话人的情感、态度等。通过多听一些带有语气和语调的听力材料，学生可以更好地理解说话人的意图。虽然听力活动主要依赖听觉，但与听力材料相关的视觉信息同样重要。文字、图表等能提供额外的信息，帮助学生更全面地理解听力内容。教师可以鼓励学生在听的过程中注意与听力材料相关的任何可见信息。已知信息包括学生已掌握的英语语言知识、英语文化知识以及生活常识和科普知识。教师应引导学生在听力过程中将新获得的信息与已知信息进行关联，以更好地理解和吸收新知识。

（六）笔记记忆法

在英语听力中，有时候学生面临长篇听力材料，为了更好地理解和记忆关键信息，笔记记忆法是一种实用的方法。通过记录关键词和使用简单的符号和缩写，学生可以更有效地处理听力信息。

二、阅读理解的教学方法

（一）SQ3R

SQ3R 法是一种在阅读理解过程中引导学生的系统性方法，通过概览、提问、阅读、背诵和复习五个步骤，帮助学生更全面、深入地理解阅读材料。该方法在母语教学中被广泛应用，并在外语阅读技巧培养方面展现出良好的效果。

1. 概览（Survey）：预读准备

概览是阅读过程中至关重要的一环，它在阅读前为学生提供了一个全面了解文章结构和主题的机会。通过书名、目录、序言、索引、标题等元素，学生可以对整个材料进行初步了解。学生可以通过书名和目录了解到文章的主题、章节划分以及可能的重点内容。这有助于建立一个初步的思维框架，使学生在实际阅读时能更有目的性地寻找关键信息。序言通常会提供作者对于主题的引导或背景介绍，这使学生能够在开始阅读之前对文章的背景和意图有一定了解。索引可以帮助学生找到文章中关键词的位置，从而更快地定位到相关内容。标题是文章结构的重要组成部分，学生可以通过仔细阅读标题来推测文章的主旨，同时通过每一段的开头和结尾来获取段落的主题和结论。插图在某些文章中也扮演着重要的角色，通过插图，学生可以对文章的内容有更生动的印象，同时插图中可能包含的图示信息也是获取文章关键点的一种途径。概览为学生提供了一个全景式的认知，让他们在正式阅读时能够更有目标、更有重点地获取信息。这种预读准备有助于提高学生对文章整体结构的把握，使他们在深入阅读时更加有信心和效率。

2. 提问（Question）：引导思考

提问是阅读过程中的关键步骤，它有助于引导学生在阅读时保持目的性和主动性。通过提出问题，学生可以更深入地思考文章的内容、作者的意图以及文章的结构。学生可以根据概览得到的信息提出一些关于文章主题和重点的问题。例如，他们可以询问："文章的中心思想是什么？"或者"作者想通过这篇文章传达什么信息？"学生可以关注文章的结构，提出一些关于段落组织和篇章结构的问题。这包括："每个段落的主题是什么？""文章的引言和结论分别在哪里？"等问题，这有助于他们更好地理解文章的逻辑框架。同时，学生还可以提出一些关于作者观点、态度或立场的问题，以便更深入地理解文章。例如："作者对所讨论主题的看法是积极还是消极？"或者"文章中是否存在作者的偏见或主观观点？"这个阶段的提问不仅能够引导学生关注文章的重要方面，还能够激发他们的思考和好奇心。通过这种方式，学生将在实际阅读中更有目的地寻找答案，提高对文章内容的深度理解。提问环节是培养学生主动学习和深度思考的关键一步，为后续的阅读活动奠定基础。

3. 阅读（Read）：实际阅读

实际阅读是整个 SQ3R 阅读法的核心步骤，它要求学生将前面概览和提问的准备工作付诸实践，通过仔细阅读文章来获取更深层次的理解。在这一步骤中，学生需要保持专注，全神贯注地阅读文章。他们要有意识地利用已有知识，将提出的问题带入阅读过程，寻找与问题相关的线索和答案。学生应该善用各种阅读技巧，包括快速扫读和精读，以便迅速捕捉文章的主旨和关键信息。在实际阅读中，学生应该时刻关注文章的主题，抓住每个段落的核心思想，了解作者的论证过程。他们还应该注意一些关键词、连接词和转折词，这些词语有助于理解文章的逻辑结构和思路。学生需要识别文章中的重要细节信息，尤其是与提出的问题直接相关的信息。这有助于他们更全面地理解文章的内容，回答前期提出的问题，实现对文章的深度理解。实际阅读要求学生保持主动性，善于思考，不仅要理解表面文字，还要挖掘文章背后的深层含义。通过实际阅读，学生将培养扎实的阅读技能，提高对不同类型文章的理解水平。这一步骤是整个阅读过程中最为关键和重要的一环。

4. 背诵（Recite）：理解与回顾

在 SQ3R 阅读法的第四步——背诵中，学生需要通过复述所读内容来加深对文章的理解和记忆。这一步骤不仅有助于巩固已学知识，还能够培养学生的表达能力和思维逻辑。背诵并不是简单地死记硬背文章的文字，而是通过自己的语言重新组织、总结和表达所读内容。学生可以采用口头或书面的方式，将文章的主要观点、重要细节以及关键信息加以整理，并以自己的语言进行表达。这样的实践有助于将抽象的概念转化为具体的语言表达，促使学生更深入地理解文章。通过背诵，学生还能够检验自己对文章内容的掌握程度。当学生能够流畅、准确地复述所读文章的重要内容时，表明他们对文章的理解已经达到了较高水平。同时，这也为后续的考试、讨论或写作提供了充分准备。背诵过程中学生可以逐渐发现自己对文章的记忆状况，有助于识别需要进一步巩固的知识点。通过重复地背诵，学生能够更加牢固地掌握文章的关键信息，提高对知识点的记忆和运用能力。背诵是将阅读所得知识内化为自己的知识体系的有效手段，有助于培养学生的学习主动性和深度思考能力。

5. 复习（Review）：巩固知识

在 SQ3R 阅读法的最后一步——复习中，学生通过经常性的回顾和复习读过的材料，巩固所学知识，提高记忆的持久性。这一步骤的目的是确保学生能够更牢固地掌握阅读内容，持久地保留相关知识。复习的频率和方式取决于学生个体差异以及所学内容的难易程度。一般而言，学生可以在刚学完一篇文章或一个知识点后进行短时的复习，以加深对新知识的记忆。此外，定期对之前学过的所有内容进行全面复习也是必要的，以防止遗忘和确保知识的整体性。复习的方式可以包括阅读笔记、重新回顾文章、运用思维导图、与同学进行讨论等多种形式。这有助于学生更全面地回顾和理解所学知识，同时培养他们的思考和表达能力。通过复习，学生能够发现之前理解不够透彻或记忆不牢固的地方，并有机会再次加强这些知识点。这种循环的学习过程有助于逐渐形成完整的知识体系，提高学生的学科素养。复习是学习过程中不可或缺的环节，它有助于巩固知识、加深理解、提高记忆效果，从而为学生更好地应对考试、应用知识提供坚实基础。

SQ3R 法基于“自上而下阅读模式”发展而来，通过概览和提问两个环节，调动学生的已有知识，对所读内容进行预测。在阅读、背诵、复习的过程中，学生能够对文章中的语言、语法等进行推测、理解和学习，从而实现对段落和篇章的全面理解。这一方法符合读者的阅读心理和阅读习惯，有利于提高阅读效率。在教学实践中，教师可以通过引导学生使用 SQ3R 法，帮助他们更系统地阅读和理解各种文章，提高阅读素养。

（二）PWP

PWP 阅读教学法是一种将阅读过程分为三个阶段的教学方法，包括读前（Pre-reading）、读中（While-reading）、读后（Post-reading）。这一方法的主要目的是通过在不同阶段的活动设计，引导学生主动参与阅读，激发他们的阅读兴趣，提高阅读理解能力。

1. 读前阶段（Pre-reading）：激活先验知识和预测

在 PWP 阅读教学法的第一阶段——读前阶段，教师的关键任务是激活学生的先验知识并引导他们对即将阅读的内容进行预测。通过设计多样化的活动，这一阶段的目标在于为学生创造一个积极的学习环境，提前培养对阅读材料的兴趣和好奇心。一种常见的活动是预测，学生可以通过标题、副标题、插图等元素，提前推测文章的主题、内容或可能出现的关键词。此外，教师还可以通过简短的导语或问题引导学生思考，让他们在阅读之前就对文本有所期待。例如，通过提问“你认为这篇文章将会讨论什么内容？”或“你对这个主题有何了解？”来激发学生思考。快速阅读也是激活先验知识的有效手段。学生可以在快速浏览文章时捕捉关键信息，对文章整体有个初步了解。这种快速浏览不仅帮助学生形成对文章的整体印象，还有助于他们在后续深入阅读时更好地理解细节。通过读前的这些活动，学生不仅能够提前了解文章的主题，还能够建立起与之相关的背景知识。这样一来，在阅读过程中，学生就能更加有针对性地关注和理解文章，使整个阅读过程更为高效和有趣。读前的预习和预测活动为学生打开了解文章的大门，为后续的深度阅读奠定了良好的基础。

2. 读中阶段（While-reading）：理解和信息加工

在 PWP 阅读教学法的第二阶段——读中阶段，教师致力于帮助学生理解所阅读的内容，并引导他们对获取的信息进行加工处理。传统的阅读理解问答题等方式难以真正提高学生的阅读理解水平，而 PWP 方法则强调在阅读的过程中为学生提供必要的指导，使他们能够有效地提取和加工信息。在读中阶段，信息转换机制是 PWP 方法的核心之一。这一机制的目的在于：学生在阅读过程中通过信息转换机制，更容易关注文章的整体主题和要传达的核心信息。学生通过将文字信息转化为其他形式，比如图表信息，有助于简化信息，形成对文章主旨的清晰概括。学生在信息转换的过程中能够更高效地集中精力，深入理解文章内容，而非过度纠结于单一的词汇或句子。通过信息转换，学生更容易将理解到的信息运用到口头或书写表达中，提高语言运用能力。在实践中，教师可以引导学生进行各种信息转换的活动，如将段落内容制作成图表、思维导图，用自己的话概括文章要点等。这些活动有助于学生更深入地理解文章，提升对文章的整体把握能力。通过 FWP 方法，学生在读中阶段不仅仅是被动地接收信息，更是积极地参与到信息的加工和理解中，使整个阅读过程更具交互性，提高学习效果。

3. 读后阶段（Post-reading）：联系已知知识和表达观点

在 PWP 阅读教学法的第三阶段——读后阶段，教师的任务是帮助学生将所读到的内容与已知知识或个人感受建立联系，并用所学语言表达观点或情感。这一阶段强调的是学生在阅读后能够积极运用所学语言进行输出，表达自己的观点和情感。在读后阶段的活动设计中，教师可以采用以下方式：学生可以根据所读内容，表达自己对于文章主题或其中某个方面的看法。这有助于培养学生对于观点陈述和论证的能力。教师组织学生进行小组或全班讨论，让学生在语言交流中进一步巩固所学知识，并从他人的观点中获得新的见解。学生可以进行与所读主题相关的写作任务，如写一篇文章、撰写读后感，或完成一份书评。这有助于提高学生的书面表达能力。学生通过口头演讲或简短的陈述，表达对文章的理解和个人观点，锻炼口头表达的能力。通过这些活动，学生不仅仅是被动地接收信息，更是在阅读后能够主动地运用语言进行输出。这种输出过程不仅有助于语言水平的提升，也培养了学生的批判性思维和表达能力。PWP 方法在读后阶段的设计更符合交互式学习的理念，促使学生在语言输出中更好地消化所学内容。

（三）阅读圈

大学英语阅读教学是培养学生语言能力和综合素质的重要环节之一。阅读圈

（Reading Circles）作为一种由学生自主阅读、自主讨论与分享的阅读活动，在大学英语阅读教学中展现出独特的魅力。本部分将对阅读圈的定义、实施方法、活动目的以及角色分工进行深入探讨，并从美国文学圈的历史、亚洲研究成果等方面提供相关支持。

阅读圈的核心思想是在阅读课程中引入小组合作，以促使学生在阅读的过程中思考、提问、联系自身经验和文化，并通过组内合作深度探讨文本。在实施阅读圈活动时，学生被分为小组，每个小组由 4 ～ 6 人组成，选择共同感兴趣的故事进行阅读。在阅读过程中，每位学生承担一个特定的角色，如组织讨论的小组长、总结概括的人、联想的人、找重点词汇的人、提炼语篇信息的人和研究文化的人。这些角色的轮换使学生能够在不同的能力方面得到锻炼，从而促使他们在阅读中全面发展。美国在 20 世纪 90 年代提出的文学圈概念为阅读圈的发展提供了先例。经过多年实践，阅读圈活动在母语教学中取得了普遍认可。近年来，来自亚洲的研究结果表明，在大学外语教学中采用阅读圈活动能够成功激发学生学习兴趣，取得显著的教学效果。阅读圈活动的目的在于鼓励学生进行深度阅读和思考，由个体的读与思和小组的讨论与分享共同组成。不同角色的分工包括组织讨论、总结概括、联想、找重点词汇、提炼语篇信息和研究文化。这六个角色的依次汇报、分享和讨论，使学生能够有效地对所读内容进行信息加工、思维拓展和深度学习。阅读圈的成功与否关键取决于教师的指导与组织。教师需要确保阅读材料由学生自己选定，小组成员根据自己喜好的阅读材料内容临时组成小组，定期组织小组讨论，学生在阅读和讨论过程中做好笔记，并积极参与。小组讨论的问题和内容由组员自己决定，教师作为辅助者而非干预者。这些原则对于母语教学和外语教学都具有普适性。在阅读圈活动中，教师的角色还包括选材料、调整活动细节、鼓励学生自主选择阅读材料等。初始阶段，教师可以负责选择阅读材料，随着学生对阅读圈活动的熟悉，逐渐将选择阅读材料的任务交给学生。同时，教师还可以根据学生的语言水平进行分组，确保小组成员的阅读理解水平相近，提高讨论的有效性。在阅读圈的实施中，学生除了锻炼阅读能力外，还培养了提问、思考、抓住学习重点、交流心得等多方面的能力。阅读圈活动在培养学生全面素质方面具有显著的教育效果。在外语教学中，教师的调整和创新是阅读圈活动能够成功应用于不同语境的关键因素之一。最终，阅读圈活动的成功离不开教师的精心设计和学生的积极参与。

第五章 大学英语教学的专业发展策略

第一节 大学英语教师的专业发展

一、大学英语教师专业发展的内涵

大学英语教师专业发展的内涵是一个多层次、多维度的概念，它可以从不同的角度来理解和阐释。目前在教育学和心理学领域，对于大学英语教师专业发展的研究主要体现在两个方面，一个是关注大学英语教师专业发展的阶段性过程，另一个是深入探讨大学英语教师专业发展的内涵。从这个角度来看，大学英语教师专业发展被理解为教师在职业生涯中所经历的不同发展阶段。这些阶段包括职前师资培育阶段、任教阶段以及在职进修的整个过程。在每个阶段，教师都需要持续学习和研究，不断提高自己的专业水平，逐渐达到专业圆熟的境界。这种理解强调了大学英语教师专业发展是一个渐进、迭代的过程，需要不断地适应新的环境和需求，实现个体的职业成长。另一方面，大学英语教师专业发展被理解为教师个体内在专业结构的不断更新、演进和丰富的过程。这种理解更加关注教师在专业素质、专业能力等方面的内在变化。教师通过扩大教学专业的知识基础，提高认知水平，不断发展自身专业内涵。这包括对课程知识的更新、教育技术的应用、教学方法的创新等方面的自我发展。大学英语教师专业发展与专业化的区别在于前者更强调教师个体的主动性。专业发展强调教师通过自身努力，由一个非专业人员逐渐成长为专业人员。这强调了教师在职业生涯中的个人责任和自主性，强调了教师对于自身成长的积极主动性。大学英语教师专业发展是一个动态、复杂的过程，既包括发展的阶段性变化，也包括个体内在专业结构的不断丰富。这一概念的提出，有助于引导教育者更加关注教师的个体差异和主观能动性，推动教育体系更好地支持和促进教师的职业成长。

二、大学英语教师专业发展的特点

（一）教师专业发展是多主体共同努力的过程

大学英语教师专业发展是一个涉及多方面因素和多主体共同努力的复杂过程。本部分将深入探讨大学英语教师专业发展的特点，强调其多主体参与的本质，并分析在这个过程中社会、教育系统中的各方力量如何共同推动教师的专业成长。大学英语教师专业发展注重教师个体的主观努力，但并非孤立进行。大学英语教师专业发展并非仅仅是个体职业生涯中的一项任务，而是教育体系中一个动态的、社会化的过程。在这个过程中，教师需要通过自身的学习、实践、反思等方式不断提升专业水平。这种主观努力的特点使得教师能够更好地适应教育变革、拥抱新的教学理念和方法。然而，要实现真正的专业发展，还需要社会多方面的支持。大学英语教师专业发展需要社会的广泛支持和努力。社会对教育的需求不断变化，这要求教师具备更多的专业技能和知识。国家在经济上、政策上对教育的支持至关重要。例如，提供经济支持以改善教育资源，制定有利于大学英语教师专业发展的政策，为教师提供更好的培训机会等。社会环境的积极推动为教师提供了更广阔的发展空间，使得他们能够更好地适应教育变革的挑战。教育管理者在大学英语教师专业发展中扮演着重要的角色。他们制定并实施教育政策，推动学校的改革和发展。在这个过程中，教育管理者需要关注教师的专业发展需求，为其提供相应的支持和资源。他们可以通过建立健全的教育体系、提供专业培训机会、鼓励教师参与学术研究等方式，推动大学英语教师专业发展的全面提升。教育专家在大学英语教师专业发展中具有专业性和引导性的作用。他们通过研究和实践积累了丰富的教育经验和专业知识，能够为教师提供有效的指导和建议。教育专家可以组织专业培训、撰写教育论文、参与学术交流等活动，促使教师在专业领域保持更新和深化。同事在大学英语教师专业发展中扮演着同侪支持和合作的角色。教育领域是一个团队合作的领域，同事之间的互相学习和共同成长是非常重要的。通过开展同事间的教学观摩、经验分享、合作研究等活动，教师可以在团队中相互促进，形成良好的专业发展氛围。家长和学生也是大学英语教师专业发展中不可或缺的主体。家长的关注和支持能够为教师提供更好的工作环境，而学生的反馈和需求则是教师不断提高教学水平的动力。通过与家长和学生的有效沟通，教师可以更好地理解社会对教育的期望，更好地满足学生的学习需求，推动自身专业发展。大学英语教师专业发展是一个多主体共同努力的过程。个体教师在发展过程中需要注重自身的努力和提升，而社会、教育管理者、教育专家、同事、家长和学生等各方主体的积极参与和支持则是推动大学英语教师专业发展的不可或缺的力量。只有在多主体共同努力的基础上，教师才能更好地适应教育变革，不断提升自身专业素养，更好地服务于学生和社会的发展。

（二）大学英语教师专业发展是一个内涵不断丰富的过程

大学英语教师专业发展是一个内涵不断丰富的过程，经历了从外在措施到内在素养的认知转变。大学英语教师专业发展一度受到外在措施的影响，人们曾期望通过政策、福利和工资等手段提高教师地位，激发其发展的积极性。然而，这种做法逐渐被认为是片面的，学者们开始认识到，真正的大学英语教师专业发展应该通过提高专业教学水平，实现教学效果的改善来取得社会的认可。这意味着专业发展不仅仅是外部条件的提升，更需要教师在教学实践中不断提升自身的专业素养和能力。在这个认知的演变过程中，教育体系中出现了一种全新的视角。大学英语教师专业发展的内涵逐渐得到深化。最初采用的是现代工业主义的“技能熟练模式”，将教师职业等同于其他职业，将教学的专业化仅仅理解为学科内容知识和教育学、心理学的原理与技术的熟练掌握和合理运用。在这种模式下，教师被视为“技术员”，学生则成为产品，教学过程等同于“技术释放”的过程。这种视角下，教育被过度工业化，教师和学生的多面性被忽略。随着对教师职业实践的深入观察，人们逐渐认识到教学实践的对象是人的心理、思维和“灵魂”，职业实践中充满了“人”，职业实践的载体是各主体之间的交往。这使得教育活动总是处于一种生成性和暂时性“情景”之中。这种新的认知带来了对大学英语教师专业发展内涵的全新理解。进一步研究发现，教育专业的发展不仅仅是熟练掌握一套教育教学技巧，更需要发展对教育教学的理解和领悟能力，具备对灵活多样情景进行创造性判断和自主选择的能力。这意味着专业发展要求教师不仅仅是“技术员”，更是教育实践的引领者和参与者。专业发展不仅关注知识和技能，还关注对于教育的深刻理解、个人价值观、教学情感等方面的发展。大学英语教师专业发展的内涵更加全面和丰富，涵盖了多个方面的发展。首先是专业知识的发展，包括学科知识、教育理论、教育技术等方面的知识储备。其次是专业理念的形成，即教师对于教育的信仰、价值观、教育目标的明确。第三是专业情感的培养，即对学生的关爱、对教育事业的热爱和责任心。最后是自我专业发展意识的建立，即教师能够主动反思、不断学习、追求进步的自觉性。大学英语教师专业发展的特点在于其内涵的不断丰富。经历了从外在措施到内在素养的认知转变，教育体系和学者们逐渐认识到教育实践的复杂性和人文性。这使得大学英语教师专业发展更加全面，不仅关注技能熟练，更注重对教育本质的深刻理解和对个体教育者的全面培养。只有在这样全面的专业发展理念下，教育体系和教育者才能更好地适应社会的变革和教育的不断发展。

（三）大学英语教师专业发展是一个阶段性与连续性相结合的过程

大学英语教师专业发展是一个阶段性与连续性相结合的过程，这一理论的提出源于人们对教师作为教学人员在职业生涯中发展历程的关注。大学英语教师专业发展既是一个由不成熟到相对成熟的过程，又是一个持续终身的发展过程。尽管教师在职前接受了教育培训，获得了教师资格证书，但这并不代表他们已经是成熟的教学专业人员。教师的专业发展是一个无限的空间，成熟是相对的，而发展则是绝对的。同时，教师在专业发展的过程中呈现出明显的阶段性，包括发展期、停滞期和低潮期。国外对教师发展阶段的研究涵盖了多个理论，如“关注”阶段论、教师职业生命周期阶段论、心理发展阶段论等。大学英语教师专业发展是一个终身的过程。这一理念强调教师的发展不是一个有限的时间段内完成的任务，而是在整个职业生涯中持续进行的。即使教师已经踏上了教学岗位，他们仍然需要不断学习、反思和适应新的教育理念和技术。教学实践和专业发展是相辅相成的，只有不断地追求进步，才能更好地满足学生和社会的需求。大学英语教师专业发展呈现出阶段性的特征。不同阶段的教师面临不同的职业发展需求和挑战。在职前培训阶段，教师主要通过学科知识和教育理论的学习，建立了基本的教学技能。在初入教育岗位后，教师进入了职业生命周期的起步阶段，需要逐渐适应教育实践和学校文化。随着经验的积累，教师进入了中期阶段，这时他们可能会遇到职业疲劳、焦虑等问题，需要通过不断的专业发展来应对。最后，教师可能进入职业生涯的成熟期，这时他们已经具备了丰富的经验和深厚的专业素养，可能选择分享经验、指导新教师，或者在教育研究领域做出更多的贡献。除了这些阶段性的特征外，国外研究中还提到了不同的阶段理论。比如，“关注”阶段论强调了教师职业生涯中关注点的变化，初入职的教师更注重教学技能，而经验丰富的教师可能更注重专业发展和教育研究。教师职业生命周期阶段论则强调了教师在不同阶段面临的发展任务和调适过程。心理发展阶段论则从认知和心理层面分析了教师在不同阶段的发展特点。在大学英语教师专业发展的阶段性中，有发展、停滞和低潮三个主要阶段。发展期是教师获得新知识、培养新技能、适应新环境的时期；停滞期是教师在工作中可能会感到疲劳、失去动力的时期；低潮期则是可能因职业压力、个人因素等原因而出现的职业生活低谷。在这个过程中，教师需要通过专业发展来调整自己的状态，保持对教育事业的热情。大学英语教师专业发展的阶段性与连续性相结合，要求教师在职业生涯中保持持续学习的态度，不断适应变化的教育环境和学科知识，同时也需要关注个体在不同阶段面临的职业发展任务，以更好地应对挑战，实现专业生涯的全面发展。这种阶段性与连续性的结合，为教师提供了更为全面的发展路径，也促使教育机构和管理者更加关注教师职业生涯的全方位支持。

三、大学英语教师专业发展的基本途径

（一）完善教师教育制度

大学英语教师专业发展的基本途径之一是通过完善教师教育制度，以提供系统性、持续性的支持和培训机会。教师教育制度是指规范教育从业者培养、培训、提升和评价的一系列制度安排。其目的在于为教师提供全面的发展框架，促进其教学技能、学科知识和职业素养的提升。完善教师教育制度有助于确保教师接受高质量的培训和专业发展。这将直接影响教育质量的提升，促使教师在专业知识和教学技能上不断提高水平，更好地服务学生。随着社会的不断变革，教育领域也面临新的挑战和需求。完善教育制度可以使教师及时获取新知识、新技能，适应教育环境和社会要求的变化，更好地引领学生面对未来。一个健全的教育制度能够为教师提供各种学习和成长的机会，激发他们的学习兴趣。通过提供有趣、实用的培训内容，教师更愿意投入到专业发展中，积极主动地提升自身素质。完善的教育制度有助于形成明确的职业发展路径和标准。教师在清晰的职业认同下，更容易树立职业信心，提高教育事业的专业性和社会地位。通过共同参与培训和专业发展，教师能够建立更紧密的团队协作关系。共同经历培训活动不仅促进教育团队的凝聚力，也有助于经验和资源的共享。具体措施：针对不同层次、不同学科的教师，设计差异化的培训计划，满足其专业发展的个性化需求。这包括丰

富的培训内容、形式灵活的培训方式，以及专业知识和教育理念的更新。教育体系应及时引入先进的教育理念和方法，通过培训使教师了解并灵活运用。这包括信息技术教育、创新教育理念等，以提高教师的现代教育意识。制定科学的评估机制，对大学英语教师专业发展进行定期评估。评估结果可作为教师职业发展的参考，帮助其了解个人发展水平和未来提升方向。在培训过程中强调实践与理论相结合，通过案例教学、教育实习等方式，使教师能够将所学理论知识更好地应用于实际教学中，提高专业素养。设立导师，为初入职场的教师提供专业指导和支持。导师制度有助于新教师更快速地融入教育环境，形成良好的职业习惯。强调终身学习的重要性，鼓励教师持续学习，不断更新知识和教学技能。建立健全的学习机制，支持教师参与各类学术研讨、交流活动。建立教师互助网络，鼓励教师分享经验、交流心得。通过教师之间的互助，形成资源共享和共同成长的氛围。通过上述措施的综合运用，可以建立一个有利于大学英语教师专业发展的教育制度。这一制度不仅为教师提供了全面的支持，也有助于提升整个教育体系的质量和水平。只有通过不断完善教师教育制度，才能更好地满足教育事业的发展需求，培养更优秀的教育人才。

（二）进行多途径多形式的教师培训

大学英语教师专业发展的基本途径之一是进行多途径多形式的教师培训。教师培训是一项系统性的、长期的职业发展活动，目的在于提高教师的专业素养、教育水平和教学能力。多途径多形式的教师培训有助于满足不同教师的需求，促进其全面发展。培训途径：学校可以通过建立内部培训体系，由具有丰富教学经验和专业知识的教师担任培训师，开展各类培训活动。这包括教育教学研讨会、专业知识分享会等形式，有助于教师间的互动和经验交流。邀请专业机构或专家进行外部培训，提供系统性的专业知识和最新的教育理念。这种培训方式能够引入外部优质资源，为教师提供更广泛的学术视野和实践经验。利用互联网技术，建立在线学习平台，为教师提供灵活的学习时间和方式。在线课程、网络研讨会等形式的培训有助于打破地域限制，方便教师随时随地进行学习。鼓励教师参与学术研讨和国际、国内教育领域的会议。通过与同行交流、分享研究成果，教师可以获取最新的学科动态和前沿知识，提高学术研究水平。培训形式：安排专题研讨会和研修班，围绕教育教学、课程设计、评价方法等方面进行深入研讨。这种形式有助于集中教师精力，深入剖析问题，形成共识。安排实践教学观摩活动，让教师互相学习借鉴，分享成功的教学案例。通过实地观摩，教师可以直观地感受到不同教学方式的优劣和创新点。利用真实教学案例进行分析和讨论，引导教师从实际问题出发，找到解决方案。这种形式的培训能够提高教师解决实际问题的能力。组织小组合作学习，鼓励教师在小组内相互合作，共同解决问题。这有助于促进团队协作精神，培养集体智慧。培训内容：提供最新的教学方法和教育技术的培训，使教师了解并熟练运用创新的教学手段，提高课堂教学效果。针对各学科领域的最新研究成果和知识点，进行系统的学科知识更新培训，确保教师具备最新的学科知识。强调评价方法的培训，使教师能够更科学、客观地评估学生的学业水平。同时，培养教师反思习惯，不断优化自己的教学行为。介绍最新的教育法律法规，使教师了解和遵守相关法规，增强法律意识，规范教育教学行为。培训效果评估：建立定期的教师培训效果评估机制，通过问卷调查、教学观摩、学科竞赛等方式，全面评估教师的发展水平。定期听取教师对培训的反馈意见，了解培训的实际效果，以便及时调整培训内容和形式。跟踪教师在培训后的实际教学情况，通过实地观察和听课，评估培训对实际教学的影响。为每位教师建立个人学习档案，记录其参与的培训情况、学术研究成果、教学反思等，为评职称和晋升提供依据。通过多途径多形式的教师培训，可以为教师提供更广阔的发展空间，促使其在专业领域取得更高的成就。这种培训方式不仅能够满足不同层次、不同类型教师的需求，还有助于构建一个持续发展的教育体系，提升整个教育行业的水平。

（三）开展教育科研

大学英语教师专业发展的基本途径之一是开展教育科研。教育科研是促进教师专业成长、提高教学水平的有效途径。通过参与科研项目、进行教育研究、发表学术论文等方式，教师能够深入学科领域，拓宽专业视野，不断提升自身的学术素养和教育实践能力。教育科研是大学英语教师专业发展的重要途径之一，通过深入研究教育领域的前沿问题，教师可以不断提高自身的学术水平和教育实践能力。参与科研项目是一种积极的专业发展方式，这既有助于推动教育事业的发展，也为教师自身带来诸多益处。科研项目的参与能够激发教师对教育问题的深入思考。通过深入研究和解决实际教育问题的过程，教师将更好地理解学科知识的本质，对课程设计、教学方法等方面有更清晰的认识。这种思考过程有助于形成独立的教育理念，提高教学质量。科研项目的开展培养了教师的创新能力。参与科研项目要求教师关注前沿问题，积极探索新的研究方向。在这个过程中，教师将锻炼自己的创新思维和问题解决能力，培养独立思考和独立工作的能力。科研项目的实施为教师提供了展示个人才华和研究成果的平台。通过发表学术论文、参加学术会议等方式，教师可以与同行分享自己的研究成果，得到专业认可。这不仅是对教师工作的一种肯定，同时也推动了整个教育领域的发展。在科研项目的实施过程中，教师还能够建立起与其他学科领域专家的联系，促进跨学科研究和合作。这种交流有助于拓宽教师的学术视野，为其提供更多的专业发展机会。开展教育科研是大学英语教师专业发展的一项重要途径，有助于提升教师的学术水平、推动教育事业的发展。通过深入参与科研项目，教师将更好地应对教育领域的新挑战，为培养具有创新精神的学生做出更大的贡献。

第二节 继续教育与培训

一、参与专业发展课程

大学英语教学的专业发展至关重要，而继续教育与培训是促使教师不断提升自身水平、适应教育变革的关键因素。参与专业发展课程是其中一项重要策略，它为教师提供了深入学习、交流经验和更新教学理念的机会。专业发展课程涵盖了广泛的主题，包括英语教学的最新理论、方法和技术。通过参与这些课程，教师可以系统地学习到新的教育理念和先进的教学策略。例如，课程可能涉及先进的语言教学理论、多媒体教学技术的应用、评估和反馈的有效方法等。这些内容对于提高教学效果、培养学生语言能力具有积极的影响。专业发展课程提供了一个与其他专业人士交流的平台。教师可以在这里与来自不同学校、不同背景的同行分享自己的教学经验，听取他人的建议和看法。这种跨学校、跨地区的交流有助于开阔视野，了解不同学校和地区的教学现状，为自己的教学实践提供更多元化的参考。专业发展课程通常由经验丰富、在该领域具有权威性的专家或学者担任讲师。教师通过参与这些课程，能够直接接触到行业内的专业知识和前沿研究成果。这有助于教师及时了解英语教学领域的最新动态，将学术研究成果应用到实际教学中。专业发展课程还为教师提供了反思和自我评估的机会。通过课程中的讨论、案例分析等形式，教师可以审视自己的教学方式、课程设计和学生反馈，发现问题并进行改进。这有助于形成良好的教学习惯，不断提升专业水平。参与专业发展课程不仅是一次短时培训，更是一个长期的投资和积累过程。这些课程提供了一个系统学习、不断深化的平台，为教师的专业发展提供了良好的支持。因此，大学英语教师应积极参与专业发展课程，不仅为个人的教学水平提升打下坚实基础，也为提高整体英语教学质量做出积极贡献。

二、参与研讨会和研究项目

在大学英语教学的专业发展中，积极参与研讨会和研究项目是继续教育与培训的策略之一。这一策略为教师提供了与同行交流、学术研究和专业成长的机会，有助于促进教学水平的不断提高和教育理念的更新。研讨会是教师学术交流的平台，也是获取最新教学理念和研究成果的途径之一。通过参与研讨会，教师能够听取来自不同学校和领域的专家学者的演讲，了解当前英语教育的热点问题、前沿技术和教学策略。这有助于拓宽教师的学术视野，引领其关注教育领域的最新动态。研讨会提供了一个交流经验、分享教学实践的机会。教师可以通过与其他同行的互动，了解不同学校和地区的教学模式、教材选择以及解决教学问题的方法。这种经验分享有助于教师从实际操作中获取启示，发现适合自己教学的创新点。参与研究项目有助于培养教师的研究兴趣和能力。教育领域的研究项目涵盖了语言学习、教育技术、教学法等多个方面，教师可以选择参与与自己专业领域相关的项目。通过深入参与研究，教师能够深化对专业知识的理解，提高独立研究和解决问题的能力。研讨会和研究项目还提供了建立学术合作关系的机会。教师可以在这些平台上结识国内外的专业人士，建立跨学科、跨领域的合作关系。这对于促进学科交叉、推动教学创新具有积极意义。在专业发展中，教师还应注重研讨会和研究项目对于教学实践的直接指导作用。通过学术交流和研究项目的参与，教师可以从理论层面深入思考和解决实际教学中的问题，将研究成果更好地应用到自己的教学实践中。积极参与研讨会和研究项目是大学英语教师在专业发展中的一项重要策略。这种参与不仅有助于拓展教师的学术视野、提高研究水平，更促进了同行之间的合作和经验分享，对于大学英语教学质量的提升具有积极的推动作用。

三、在线学习和自主学习

在大学英语教学的专业发展中，积极参与在线学习和自主学习是一项至关重要的策略。这种学习方式为教师提供了自由、灵活的学习机会，使其能够更好地适应教育领域的变革、深化专业知识、提高教学水平。通过在线学习，教师可以随时随地获取最新的教育理念、教学方法和研究成果。在线学习平台提供了大量的英语教学相关课程，涵盖了语言学习理论、多媒体教学技术、评估方法等多个方面。教师可以根据自身需求，选择合适的课程，通过网络学习获取知识，提高自己的教育水平。在线学习为教师提供了与来自世界各地的专业人士交流的机会。通过参与在线研讨、论坛等活动，教师可以与同行分享经验、交流教学心得，借鉴其他地区的教学实践，拓宽自己的视野。这种跨越时空的交流有助于教师深入了解全球范围内的英语教育发展趋势。自主学习是一种更为灵活的学习方式，教师可以根据自己的时间和兴趣进行学习规划。这种方式可以满足不同教师的个性化学习需求，有助于形成自主学习的习惯，提高学习的主动性和针对性。自主学习还有助于教师形成系统、全面的专业知识结构。教师可以通过广泛阅读学术论文、教育书籍，关注教育研究动态，从而提高对英语教育领域的深度理解。同时，教师还可以选择参与 MOOCs（大规模开放在线课程）、自主研究项目等，培养独立研究和解决问题的能力。在线学习和自主学习也是提高教师信息素养的有效途径。在信息时代，及时获取并运用新知识是教育工作者的基本要求。通过学习如何使用在线资源、教育技术工具等，教师能够更好地适应信息技术的发展，为教学提供更多元化的支持。在线学习和自主学习是大学英语教师专业发展的重要途径。教师通过这种方式，不仅能够获取最新的教学理念和方法，拓展学科视野，还能够提高学科知识结构、促进自主学习和信息素养的培养。这种学习方式既适应了现代教育的需求，又为教师提供了更加便捷、灵活的学习途径。

四、观摩他人的课堂

观摩他人的课堂是大学英语教学专业发展中继续教育与培训的一项至关重要的策略。通过观摩，教师可以汲取其他同行的教学经验，借鉴优秀的教学方法，提升自身的教学水平，从而更好地满足学生的学习需求。观摩他人的课堂是一种有效的学习方式，通过亲身体验他人的教学过程，教师可以深入了解不同的教学风格和策略。在观摩中，教师可以关注到其他同行在引导学生、激发兴趣、处理问题等方面的独特之处，从而得到启示。这种深度学习的过程有助于教师形成对优质教学的理解，并将其融入自己的教学实践中。观摩他人的课堂能够拓展教师的教学视野。不同教师的课堂风格和教学方法各异，通过观摩，教师可以了解到多样化的教学策略和方法，有助于拓展自己的教学思路。这对于应对不同类型的学生和教学环境具有积极意义，促使教师更加灵活地应对各种挑战。观摩可以促进教师之间的交流与合作。在观摩过程中，教师可以和被观摩的同行进行深入的交流，分享教学心得和经验。这种同行间的沟通有助于建立良好的师德师风，形成共同的教学理念，促进团队协作，进一步提升整个教学团队的水平。观摩他人的课堂也是一种自我反思的机会。在观摩过程中，教师可以对比自己的教学方式与他人的异同，思考自己的不足之处并寻求改进。这种自我反思有助于形成自觉、有针对性的专业发展计划，引导教师在日常教学中不断优化自己的教学策略。观摩他人的课堂是大学英语教学专业发展的重要一环。通过观摩，教师不仅能够汲取他人的经验，提高自身的教学水平，还能够促进教育团队的协作与合作，形成更为完善的专业发展体系。这种学习方式不仅有助于教师个体的成长，也为整个大学英语教学领域的不断提升注入了新的活力。

五、参与教研活动

参与教研活动是大学英语教学专业发展中继续教育与培训的重要策略之一。教研活动旨在促进教师的学科研究能力、教学水平和团队协作能力的提升，推动大学英语教学不断创新和发展。参与教研活动有助于提升教师的学科研究能力。通过深入参与教研项目，教师可以系统地学习相关领域的最新研究成果，了解教育理论和方法的前沿动态。在教研过程中，教师还能够培养科研意识，学会科学研究的方法和技巧，提高论文写作和研究设计的能力，从而全面提升学科素养。

教研活动促进了教师的教学水平不断提高。在教研项目中，教师需要深入思考教学中遇到的问题，探索解决方案，并将研究成果应用到实际教学中。这种反思和实践的过程有助于教师更好地理解学科知识，更灵活地运用教学策略，提高教学效果，满足学生的个性化学习需求。参与教研活动有助于形成良好的团队合作氛围。在教研团队中，教师需要与其他成员密切协作，共同完成教研项目。这种合作模式不仅有助于促进教师之间的信息共享和资源整合，还能够提升团队协作和沟通能力，形成集体智慧，推动整个教研团队共同成长。教研活动为教师提供了一个分享经验、交流心得的平台。在教研项目的讨论和汇报中，教师可以分享自己在教学实践中的经验和心得，倾听他人的建议和观点，形成共同的教学理念。这种经验交流有助于激发教师的创新意识，拓展教学思路，共同促进教学水平的提高。参与教研活动是大学英语教学专业发展中一项重要的策略。这种活动既有助于提升教师的学科研究能力和教学水平，又促进了团队协作和信息共享，为大学英语教育的不断发展和创新注入了强大动力。

六、参与教育研究

参与教育研究是大学英语教学专业发展中的一项关键策略。这一活动旨在不断提升教师的学科素养、教学水平以及教育研究的能力，从而推动大学英语教学实践的创新和进步。参与教育研究有助于拓展教师的学科视野。通过参与教育研究项目，教师可以深入学科领域，了解最新的研究动态和理论成果。这种深度的学科了解不仅丰富了教师的知识体系，也有助于提高其对学科发展趋势的敏感性，使其能够更好地把握教学内容和方法的更新换代。参与教育研究有助于培养教师的科研能力。在研究项目中，教师需要运用科研方法和技巧，进行数据收集、分析和解释，提出研究问题并寻找解决方案。这种实践锻炼有助于培养教师的独立思考和科学研究的能力，使其更好地融入学术研究的大家庭中。参与教育研究有助于促进教师的教学创新。在项目研究中，教师不仅需要对问题进行深入思考，还需要提出切实可行的解决方案，并将其应用于实际教学中。这种连接理论和实践的过程有助于教师发现和解决实际教学中的难题，推动教学方法的创新和改进。参与教育研究还能够促进教师之间的合作与交流。在项目研究中，教师需要与同行合作，共同完成研究任务。这种合作不仅能够促进信息共享，还有助于形成研究团队，推动研究成果的共同发表和推广。这种协作机制有助于构建和谐的教育研究氛围，推动整个学科领域的发展。参与教育研究是大学英语教学专业发展的一项重要策略。这种活动不仅有助于提升教师的学科素养和研究能力，还能够推动教学创新和进步，促进教师之间的合作与交流，为大学英语教育的不断发展贡献力量。

第三节 大学英语教学研究与创新

一、基于跨文化交际的大学英语教学研究与创新

大学英语教学研究与创新是当前高等教育领域的重要议题之一，尤其基于跨文化交际的大学英语教学更是备受关注。这一领域的研究与创新旨在培养学生具备全球化背景下的跨文化沟通能力，提高他们的语言运用水平，并促进国际交流。随着全球化的不断深入，大学英语教学已不仅仅关注语言表达能力，更强调培养学生在跨文化背景下的交际能力。基于跨文化交际的大学英语教学研究与创新旨在使学生能够适应国际社会的多元化，更好地与不同文化背景的人进行交流。

（一）构建符合跨文化交际理念的教学体系

在大学英语教学领域，基于跨文化交际的研究与创新是当前迫切需要的。跨文化交际强调语言学习不仅仅是学习语法和词汇，更是一个了解和融入不同文化的过程。构建符合跨文化交际理念的大学英语教学体系，对于培养学生的语言沟通能力、文化意识和全球视野具有重要意义。大学英语教学需要注重培养学生的跨文化交际能力。在构建教学体系时，应该强调教师在教学中引导学生积极参与跨文化交际的实践。这包括了解不同文化的沟通方式、习惯和礼仪，培养学生处理跨文化沟通挑战的能力。通过真实场景的模拟、跨文化交际项目的设计等方式，使学生在语言运用中更好地理解和尊重不同文化，提高他们的跨文化交际技能。教学体系应该融入丰富的跨文化素材。传统的英语教学通常以英语国家文化为主，而跨文化交际的理念要求引入更广泛、多样的文化素材。在教材选择和设计中，可以涵盖来自各个国家和地区的文学作品、电影、音乐以及实际跨文化交际案例等。这有助于拓宽学生的文化视野，使他们更全面地理解和运用英语。大学英语教学要注重文化比较和对比。构建跨文化交际理念的教学体系，需要教师通过对不同文化的比较，引导学生发现文化之间的异同，培养他们具备批判性思维和文化敏感性。通过比较文学作品、分析媒体报道、讨论社会现象等方式，激发学生对文化差异的思考，促使他们形成开放、包容的跨文化意识。构建跨文化交际理念的大学英语教学体系，还需要借助现代技术手段。利用在线资源、社交媒体和虚拟

交流平台，创造跨文化交际的场景，使学生能够与不同背景的人进行真实的交流。这有助于打破地域限制，促进全球化视野的培养。跨文化交际理念的大学英语教学体系需要注重评估和反思。在构建教学体系的过程中，应设立相应的评估机制，关注学生在跨文化交际能力、语言运用和文化意识方面的发展。同时，教师也需要不断反思自己的教学方法，及时调整和优化教学策略，确保教学目标与跨文化交际理念相一致。构建符合跨文化交际理念的大学英语教学体系是一个全方位的任务。它不仅涉及教学内容和方法的调整，更需要教师深入思考如何引导学生在语言学习中培养对多元文化的理解和尊重，以更好地适应全球化时代的英语教学需求。

（二）引入跨文化交际案例

在大学英语教学的研究与创新中，引入跨文化交际案例是一项关键举措。这一策略旨在通过具体案例，激发学生对不同文化的兴趣，提高他们的跨文化交际能力，促进英语教学朝着更开放、多元的方向发展。引入跨文化交际案例有助于打破传统文化单一的框架。传统的英语教学往往以英美文化为主，而全球化时代的大学英语学习者来自不同的文化背景。通过引入来自亚洲、欧洲、非洲等各个地区的跨文化交际案例，可以丰富学生对于不同文化的认知，避免将英语仅仅视为一门语言，更将其视为连接不同文化的工具。跨文化交际案例能够提供真实的语境，促进实际语言运用。通过教学案例，学生可以置身于真实的跨文化交际场景中，了解在不同文化中如何进行有效的沟通。这有助于培养学生运用英语进行实际交流的能力，使他们更好地适应国际社会的多元文化环境。引入跨文化交际案例有助于培养学生的跨文化意识。通过案例学习，学生能够深入了解文化之间的差异，包括语言、礼仪、价值观等方面。这有助于培养学生的文化敏感性，使他们在跨文化环境中更具包容性和适应性。跨文化交际案例的引入也可以成为学生自主学习的契机。通过案例分析，学生可以主动获取关于不同文化的信息，展开自主探究。这符合现代教育理念中学生自主学习的要求，培养他们主动获取知识的能力。跨文化交际案例的引入还能够激发学生的批判性思维。通过案例学习，学生除了了解文化之间的相似性和差异性，还能够对于某些文化现象进行思考和分析。这有助于培养学生具备独立思考、批判性分析问题的能力，促使他们更全面地理解和评价跨文化交际中的复杂问题。引入跨文化交际案例是大学英语教学研究与创新中的一项富有前瞻性的策略。通过这一方法，不仅可以促进学生的语言运用能力，更可以培养他们的跨文化交际技能和意识，为他们更好地融入国际社会提供有力支持。

（三）关注教材的更新和优化

在大学英语教学研究与创新中，基于跨文化交际的教学理念要求对教材进行更新和优化，以更好地适应全球化时代的需求。关注教材的更新和优化是促进学生跨文化交际能力发展的关键一环。教材的更新应紧跟社会发展和文化变革的步伐。在全球化时代，信息传播的速度加快，文化的交流更为频繁。因此，教材需要及时地反映社会和文化的新变化，引入最新的语言表达方式、社会热点和文化趋势。这样可以使学生在学习英语的同时，更好地了解不同文化的发展动态，培养他们的文化敏感性和时代意识。教材的优化需要考虑多元文化的融合。跨文化交际的教学理念要求教材要具有广泛的文化覆盖面，包括不同国家、地区的文化元素。教师在优化教材时应精选多元文化的内容，使学生能够接触到来自全球各地的语言和文化，促进他们对多元文化的理解和接纳。教材的更新和优化需要注重语言运用的实际场景。跨文化交际的目的是培养学生在真实的语境中进行交流的能力。因此，教材应该设置更多的实际交际情境，让学生在语言学习中体验真实的跨文化交际场景。这可以通过模拟真实场景的对话、引入真实案例等方式来实现。教材的更新和优化还需要考虑学生的个体差异。在全球化时代，学生的文化背景、学习习惯和兴趣爱好差异巨大。教材的设计应该灵活多样，能够满足不同学生的学习需求。这可以通过提供不同难度的任务、设置个性化学习路径等方式来实现。教材的更新和优化需要结合先进的技术手段。在当今数字化时代，利用先进的技术手段可以更好地激发学生的学习兴趣，提高他们的学习效果。教材的更新可以包括引入在线资源、多媒体元素、虚拟现实技术等，以丰富教学内容，增加学生的学习体验。关注教材的更新和优化是基于跨文化交际理念的大学英语教学研究与创新中的一项重要工作。通过及时更新和优化教材，可以更好地满足学生跨文化交际的需求，促使他们在英语学习中更好地理解和运用不同文化的语境。

二、基于信息技术的大学英语教学研究与创新

在当今信息技术高度发达的背景下，基于信息技术的大学英语教学研究与创新呈现出多层次、多维度的特征，涵盖了教学内容、教学方法、教学资源以及学

生评估等多个方面。

（一）教学内容的创新

借助信息技术，教师可以整合各类多媒体教学资源，如视频、音频、动画等，以更生动形象的方式呈现语言材料。这不仅能够激发学生的学习兴趣，提高他们的学习积极性，还能够帮助学生更好地理解和运用英语知识。通过网络平台，学生可以参与到全球范围内的语言实践活动，与母语人士进行语言交流。这种实时、真实的语言互动能够提高学生的口语表达能力，培养他们在跨文化交际中的应变能力。基于信息技术的大学英语教学可以根据学生的个体差异提供个性化的学习路径。教师可以借助智能化学习系统了解学生的学习兴趣、水平和需求，为每位学生设计符合其特点的学习计划，实现更加个性化的教育。

（二）教学方法的创新

通过在线平台，教师可以设计各种形式的互动任务，如讨论帖、小组合作项目等。学生在完成任务的过程中不仅能够提高语言运用能力，还能够培养团队协作和沟通技能。结合虚拟现实技术，教师可以为学生创造真实的语言环境。通过虚拟现实技术，学生可以仿真实际场景，与虚拟人物进行对话，提高他们在特定语境下的语言运用水平。借助智能辅助工具，如语音识别、自动翻译等，教师可以更好地辅助学生进行听说读写的训练。这些工具不仅提高了教学效率，也为学生提供了更多自主学习的机会。

（三）教学资源的创新

打破传统图书馆的时空限制，通过建设数字化图书馆，学生可以随时随地获取所需的英语学习资源。这为他们提供了更为便捷和多样的学习途径。设计英语学习软件，为学生提供丰富的学习内容和互动体验。这样的软件可以包含在线课程、学习游戏、语言测评等功能，全面满足学生多元化的学习需求。

（四）学生评估的创新

借助在线测验和数据分析工具，教师可以更全面地了解学生的学习情况，包括词汇掌握、语法应用等方面。通过科学的数据分析，教师可以有针对性地进行教学调整，提高学生的学习效果。通过信息技术，建立学生自我评估的机制。学生可以通过在线平台记录学习感悟、设定学习目标，形成自主管理学习的习惯，提高他们的学习动力和责任心。

基于信息技术的大学英语教学研究与创新是一个全方位、多层次的过程。通过创新教学内容、灵活运用教学方法、充分利用教学资源以及科学评估学生表现，我们可以更好地适应信息时代的需求，培养更具综合素养的英语人才。这一过程不仅需要教师在专业知识上的不断提升，更需要他们积极融入信息技术，主动探索和应用新的教育理念和工具，为大学英语教学注入更多创新的活力。

三、基于生态教学的大学英语教学研究与创新

在大学英语教学的研究与创新中，基于生态教学的理念是一种富有前瞻性的策略。生态教学强调教学环境的整体性和互动性，旨在创造有机的学习生态系统，促使学生在更广泛、更真实的语言环境中学习和运用英语。

（一）基于生态教学的大学英语教学注重创造多元化的学习环境

基于生态教学的大学英语教学注重创造多元化的学习环境，这一理念强调学习环境的多样性对学生语言能力的全面提升至关重要。在大学英语课堂中，教师可以通过引入不同类型的学习资源、多样性的教学活动以及真实的语境情景，打造一个涵盖听、说、读、写、译等多方面技能培养的生态学习环境。生态教学鼓励教师引入多元的学习资源。这包括但不限于数字化媒体、网络资源、现实生活中的材料等。通过多样的学习资源，学生可以接触到来自不同语境的语言表达，拓展他们的词汇、语法和语感知识。比如，教师可以使用来自不同国家的英语新闻报道、纪录片、音频材料等，让学生在学习英语的过程中感受到语言的真实运用和文化的多样性。多元的教学活动是生态教学环境的重要组成部分。传统的大学英语教学主要以课堂讲解和考试为主，生态教学则提倡更加多样的学习方式，如小组合作、角色扮演、实地考察等。通过这些活动，学生能够在真实的语境中运用所学知识，培养语言实际运用的能力。例如，教师可以设计一个小组项目，要求学生通过合作完成一个英语演讲或模拟英语商务谈判，从而提高他们在沟通交流中的语言水平。真实的语境情景也是生态教学环境中的关键要素。生态教学强调将英语教学融入学生的实际生活中，使他们能够在真实的语境中使用英语。例如，学校可以与外语培训机构、企事业单位等建立合作关系，提供实习机会或开展英语角等活动，让学生有机会在实际情境中进行语言实践，提高他们的语言交际能力。基于生态教学的大学英语教学旨在创造一个多元、真实、互动的学习环境，使学生在语言能力的全面提升中更加全面地发展。这一理念不仅有助于学

生在课堂内外更好地运用英语，还能够促使他们更深入地理解和体验英语所蕴含的文化内涵，从而使学习英语成为一种更加积极主动和有趣味的体验。

（二）生态教学注重学习者的个体差异，倡导差异化的教学策略

基于生态教学的大学英语教学研究与创新注重学习者的个体差异，强调差异化的教学策略，尤其在面对大学英语学科中学生的语言水平、学科背景、文化背景等差异较大的情境下，这一理念显得尤为重要。通过个性化的教学方式，教师能够更好地关注每个学生的学习需求，帮助他们更好地适应和融入学科学习的生态系统。个性化的教学方式使得教师能够更全面地了解学生的语言水平。不同学生在英语水平上存在差异，有的可能已经具备较高的英语能力，而有的则可能需要更多的支持。基于生态教学的原则，教师可以通过定期的个性化评估，了解每位学生的语言水平和学习需求，有针对性地为他们设计相应难度的学习任务和活动。这样一来，每个学生都能够在适合自己水平的环境中进行学习，更好地发挥个体潜能。关注个体差异的教学策略有助于满足学生的学科背景差异。在大学英语学科中，学生来自不同专业，对于学科领域的背景知识有着不同的了解程度。基于生态教学的观念，教师可以结合学生的专业特点，引入相关领域的案例、文献和实践经验，使学生更容易理解和应用英语知识。这种个性化的关照有助于将语言学习与学科学习相结合，提高学生对学科英语的学习兴趣和参与度。考虑学生的文化背景差异也是个性化教学的一项重要内容。学生来自不同的文化背景，对于英语表达和理解可能存在差异。在教学中，教师可以融入多元文化的元素，包括文学作品、影视资料、生活习惯等，以促使学生更好地理解英语所传递的文化内涵。通过充分考虑学生的文化差异，教师能够更好地激发学生学习英语的兴趣，提高他们对跨文化交际的适应能力。基于生态教学的大学英语教学研究与创新关注学习者的个体差异，强调差异化的教学策略。通过关注学生的语言水平、学科背景和文化背景等方面的差异，教师能够更好地个性化地设计教学内容和活动，创造一个更有利于学生全面发展的学习生态系统。这不仅有助于提高学生的英语水平，也促使他们更好地融入学科学习的大环境中。

（三）基于生态教学的大学英语教学强调教学与社会实践的结合

基于生态教学的大学英语教学强调教学与社会实践的结合，旨在使学科知识与实际生活紧密联系，为学生提供更实用的语言应用能力。这种教学方式通过引

入真实的社会问题、项目合作和实地考察等手段，使学生在实际应用中更好地理解和掌握英语知识，培养他们运用英语解决实际问题的能力。通过引入真实的社会问题，生态教学让学生直面社会挑战，将英语学习与实际问题解决相结合。教师可以选择与当下社会相关的话题，如环保、社会公益活动、科技发展等，设计相关的英语学习任务。学生通过深入了解并讨论这些问题，不仅提高了他们对现实社会的认知，同时也激发了他们运用英语解决这些问题的动力。这样的学习环境促使学生更主动地参与英语学习，使学科知识更具有实际应用的价值。通过项目合作的方式，生态教学强调团队协作与交流，培养学生在英语沟通中的合作精神。通过将学生组织成小组，共同完成一个项目，教师可以引导他们运用英语协作解决问题。这种合作方式有助于学生发展团队合作的能力，提高他们在实际工作场景中的英语交流水平。同时，学生在团队中相互学习，分享经验，丰富了彼此的语言应用技能。实地考察是生态教学中的一种重要手段，通过亲身体验让学生更好地理解和运用英语。教师可以组织学生参与实地考察，如参观企业、社区服务等，让学生在真实的场景中运用英语进行交流和沟通。这种实地考察不仅拓展了学生的实际语言运用能力，还提供了更深入的语境，使学生更好地适应实际社会环境。基于生态教学的大学英语教学注重教学与社会实践的结合，通过真实的社会问题、项目合作和实地考察等方式，将英语学习融入实际生活中，培养学生运用英语解决实际问题的能力。这种教学理念不仅提高了学生的语言实际运用水平，还培养了他们团队协作和解决实际问题的综合能力，为学生未来的职业发展奠定了更为坚实的基础。

（四）基于生态教学的大学英语教学注重培养学生的学习策略和自主学习能力

基于生态教学的大学英语教学注重培养学生的学习策略和自主学习能力。在这一理念下，学习者被视为学科学习中的主体和参与者，而教师不仅仅是知识的传授者，更是学生学习的引导者。通过引导学生建立有效的学习策略，培养他们的自主学习意识，这一方法旨在使学生在大学英语学科中更好地发挥主动性和创造性。在传统的大学英语教学中，学生往往被动地接受教师传授的知识，而缺乏主动学习的机会。生态教学的理念强调学生是学科学习的主体，因此，教师需要成为学生学习的引导者。通过设立开放性的学习环境，激发学生的学习兴趣，引导他们参与到学科学习的过程中。这种引导性的教学方式可以激发学生的主动性，使其更加积极地参与学科学习，发挥出个体的学科潜能。生态教学注重培养学生的学习策略，即通过科学、灵活的方法去获取、处理信息的技巧。教师在教学中可以引导学生建立针对大学英语学科的学习策略，例如阅读、写作、听力等方面的技能。通过学习策略的培养，学生可以更有效地获取和处理信息，提高自己的学科素养。这有助于他们在面对英语学科的复杂内容时更加游刃有余，增强对学科的兴趣和自信心。自主学习能力是生态教学注重培养的另一个重要方面。生态教学认为学生在学科学习中应该成为自主的学习者，能够独立思考、自我管理学习过程。通过激发学生的学习兴趣，提供自主学习的机会，教师可以培养学生的自主学习意识。学生在自主学习中能够更好地发挥创造性，形成对知识的深层次理解，培养解决问题的能力，为未来的职业发展奠定坚实的基础。

基于生态教学的大学英语教学研究与创新是为了更好地满足学科学习的需求，培养学生更全面的语言能力和学科素养。通过构建生态学习环境、关注个体差异、结合社会实践、强调系统性和深度、培养自主学习能力等策略，可以推动大学英语教学向更为有机、全面和实用的方向发展。

四、基于任务型教学的大学英语教学研究与创新

在大学英语教学的研究与创新中，基于任务型教学的理念是一种积极推动学生语言综合运用能力发展的策略。任务型教学强调通过实际任务的设计和完成，培养学生在真实语境中运用英语的能力。任务型教学注重学生的语言综合运用能力。在大学英语课堂上，任务型教学设计以解决真实问题或完成实际任务为导向，强调语言的功能性和实用性。学生通过完成任务，不仅需要展示英语语法和词汇的正确运用，还需运用听、说、读、写等多种语言技能，使得语言能力在实际运用中得以全面提升。任务型教学强调学习者在任务完成过程中的参与性和主动性。学生在任务型教学中不再是被动的知识接受者，而是任务的参与者和完成者。通过自主合作完成任务，学生更容易产生学习的兴趣，培养自主学习的能力。这种参与性和主动性的教学模式能够更好地激发学生的学习动力，提高学习效果。任务型教学注重语言学习与实际生活的融合。任务型教学的任务通常来源于真实生活中的场景，涉及社会文化、职业实践等方面的内容。通过这种方式，学生在学习中更容易将所学的语言知识与实际生活联系起来，培养他们更好地理解和运用

英语的能力。基于任务型教学的大学英语教学也强调学科知识的整合。任务型教学的设计可以将语言学习与学科知识相结合，使学生在完成任务的过程中不仅仅是语言能力的提升，同时也能更好地理解和应用学科知识。基于任务型教学的大学英语教学注重评价的多样性。任务型教学强调综合性语言能力的培养，因此评价方式也应该多样化，包括任务完成情况的评估、语言运用能力的评估、团队协作的评估等多个方面。这有助于更全面地了解学生的语言水平和能力发展情况。基于任务型教学的大学英语教学研究与创新是为了更好地培养学生的语言综合运用能力。通过设计真实的任务，强调学生在任务中的参与性和主动性，将语言学习与实际生活融合，整合学科知识，采用多样性的评价方式，可以促使大学英语教学更符合实际需求，更富有创新性。

五、基于互动式教学的大学英语教学研究与创新

基于互动式教学的大学英语教学研究与创新是一种强调师生互动、学生之间互动以及语言互动的教学模式。该模式旨在激发学生的学习兴趣，促进语言能力的全面发展，并培养学生的批判性思维和合作精神。互动式教学注重师生互动。在大学英语教学中，教师不再是简单地向学生传授知识，而是与学生建立更为平等的互动关系。通过引导性问题、小组讨论、案例分析等方式，教师能够更好地了解学生的学习需求，调整教学策略，激发学生的学习热情。互动式教学强调学生之间的互动。通过小组合作、互助学习等形式，学生在语言学习中相互启发，共同解决问题，形成合作共赢的学习氛围。这有助于培养学生的团队协作能力，提高他们在语言实际运用中的表达和沟通能力。互动式教学注重语言互动。语言是交流的工具，而互动式教学正是通过创设真实的语言环境，鼓励学生主动表达、互相交流，促进语言能力的提升。通过角色扮演、情景模拟等活动，学生更容易将所学的语言知识应用到实际情境中。基于互动式教学的大学英语教学也强调跨学科整合。通过引入相关学科的知识和实例，使学生在英语学习的同时能够更好地理解和运用其他学科的知识，培养他们的综合素养。互动式教学注重评价的多元性。除了传统的考试评价外，更注重通过学生展示、小组项目、实际表演等方式对学生的语言能力和综合素养进行评价。这种多元化的评价方式有助于更全面地了解学生的学习情况，促使他们更主动地参与到教学过程中。

基于互动式教学的大学英语教学研究与创新旨在打破传统的教学模式，强调

师生互动、学生之间互动和语言互动，促进学生的全面发展。通过培养学生的合作精神、团队协作能力、语言表达能力和批判性思维，可以更好地满足大学英语教学的实际需求，推动教学朝着更为活跃、灵活和创新的方向发展。

第四节 大学英语教学的未来趋势

一、技术创新和数字化教学

大学英语教学的未来趋势将受到技术创新和数字化教学的深刻影响。随着科技的迅猛发展，传统的英语教学方式正经历着革命性的改变，进入了一个数字化、智能化、互动化的新时代。随着信息技术的飞速发展，大学英语教学正迎来一场深刻的变革。技术创新和数字化教学成为大学英语领域中最为引人注目的未来趋势之一。这一变革不仅仅是教学手段的升级，更是对传统教育模式的颠覆，为学生提供更为灵活、个性化的学习方式。未来，传统的教科书将逐渐被数字化教材所取代。学生可以通过电子书、在线视频等多媒体形式获取学习资源，实现随时随地学习。这种灵活性不仅提高了学习的便捷性，还使得学生能够以更符合自己学习习惯的方式进行学习。数字化教材的互动性和多样性使学英语的过程更为生动有趣。虚拟现实（VR）和增强现实（AR）技术的广泛应用将为学英语提供更为沉浸式和实际的学习体验。学生可以通过虚拟场景参与模拟对话、文化体验，提高语言实际运用的能力。增强现实技术的运用则能够将数字信息叠加在真实场景中，使学习更为直观和具体，增加学生对语言文化的深刻理解。未来的大学英语教学将借助智能化辅助教学工具，通过人工智能技术为学生提供个性化的学习建议。这种智能化辅助系统能够根据学生的学习情况调整教学内容和进度，为学生提供更为贴近其需求的学习方案。语音识别技术的运用将帮助学生更好地提高口语表达能力，实现即时反馈，促使学生不断改进。未来的大学英语教学将更加注重多元化的教学方法。基于任务的教学、游戏化学习、在线协作等新型教学方法将逐渐普及。通过引入游戏元素，学生在轻松愉快的氛围中学习，提高学习动力。基于任务的教学注重学生在实际任务中的运用，使学习更具实际意义。在线协作则能够促进学生之间的互动，创造更具社交性的学习氛围。技术创新和数字化教学将引领大学英语教学迈向一个更为先进、灵活、个性化的时代。这一变革不仅将提高学生的学习体验，更将培养出更具创造力、适应性和实际运用能力的英语使用者。在这个数字时代，大学英语教学将迎来更为丰富和多样化的发展机遇，助力学生在全球化时代更好地融入国际社会。

二、个性化教学

大学英语教学的未来趋势之一是朝着个性化教学的方向发展。随着社会的不断变革和教育理念的更新，越来越多的关注点被聚焦在满足学生个性需求的教育方式上。在传统的大学英语教学中，往往采用一刀切的授课方式，忽视了学生在语言学习方面的个体差异。然而，每个学生的学习习惯、兴趣爱好、学科背景等都存在差异，因此迫切需要一种更灵活、更符合学生需求的教学方式。个性化教学应运而生，其核心理念是以学生为中心，关注和尊重每个学生的独特需求，提供更为个性化的学习体验。个性化教学强调以下基本原则：差异化对待、因材施教、充分尊重学生的兴趣和发展方向。这意味着教师需要更多地了解学生，关注他们的学科兴趣，了解他们的学习风格，以便更好地满足他们的学习需求。在大学英语教学中，这可以通过灵活的教学计划、多元的教材选择和个性化的评价方式来实现。实现大学英语教学的个性化需要采取一系列的实施策略。首先，教师可以通过多元化的教学方法，包括小组合作学习、项目驱动学习等，以满足不同学生的学习风格。其次，利用先进的技术手段，个性化教育平台和在线学习资源可以更好地满足学生的个性需求。此外，灵活的课程设置和选修课程的开设，也为学生提供更多选择的机会，以适应他们个性化的学习路径。个性化教学的优势在于更好地激发学生学习的主动性和兴趣。通过充分尊重学生的个性需求，可以提高学生对英语学习的积极性，激发他们的学科热情。此外，个性化教学还有助于发现学生的潜力和特长，为其提供更有针对性的培养计划，实现个体差异的优势互补。尽管个性化教学在理论上有很多优势，但在实际操作中也面临一些挑战。其中最主要的挑战之一是教师如何在有限的时间内有效管理个性化教学。解决这一问题的关键在于合理利用技术手段，借助数据分析和人工智能等工具，更好地了解学生的学习需求，实现更为精准的个性化教学。个性化教学是大学英语教学未来的一个重要趋势。通过更好地重视学生的个体差异，以及灵活运用多种教学手段和技术手段，可以更好地满足学生的学习需求，培养更有创造力和实际运用能力的英语使用者。这一趋势的发展将为大学英语教学注入新的活力，使之更贴近时代需求，更好地服务学生的个体发展。

三、跨文化交际教学

大学英语教学的未来趋势之一是朝着跨文化交际教学方向发展。随着全球化的发展，人们之间的跨文化交往日益频繁，培养具备跨文化沟通能力的英语使用者变得至关重要。在全球化的今天，各国之间的文化交流和合作已经成为常态。大学英语教学不再只是注重语法和词汇的传授，更需要关注学生的跨文化交际能力。跨文化交际教学的核心是帮助学生理解和尊重不同文化背景下的语言使用习惯、价值观念以及沟通方式，培养他们在跨文化环境中自信、有效地使用英语的能力。跨文化交际教学的基本原则包括尊重文化差异、促进跨文化认知、培养文化适应能力。这需要教师在课堂上引入丰富的跨文化素材，组织学生进行文化对比和交流活动，以提高学生对不同文化的敏感性和理解能力。实施大学英语跨文化交际教学需要教师采用一系列策略。首先，引入真实的跨文化交际案例，通过讨论和分析，让学生了解在实际情境中如何应对跨文化交际挑战。其次，通过合作学习和小组活动，让不同文化背景的学生能够更好地协同合作，提高团队协作的能力。另外，借助在线资源和社交媒体，拓宽学生的视野，让他们更直观地感受到来自不同文化的信息。跨文化交际教学的优势在于培养学生全球意识、拓展国际视野。学生通过跨文化交际教学，能够更好地适应国际社会，增进对多元文化的理解，提高解决跨文化冲突的能力。此外，这也为学生今后参与国际交流、从事跨国合作等提供了更强大的支持。跨文化交际教学是大学英语教学未来的重要方向。通过培养学生的跨文化交际能力，大学英语教学将更好地服务于学生的综合素质发展，使他们更好地适应国际社会的需要。这一趋势的发展将为大学英语教学注入新的活力，使之更贴近时代需求，更好地培养具备国际竞争力的英语人才。

四、实际应用导向

未来大学英语教学的重要趋势之一是实际应用导向。随着社会的发展和科技的进步，学生对于英语的实际应用需求日益增加。因此，大学英语教学应该更加注重培养学生实际运用英语的能力，使之更好地适应未来职场和社会需求。在当今全球化的背景下，英语已经成为国际交流和合作的重要工具。大学生需要具备更强的实际应用能力，能够在各种场合中运用英语进行有效沟通。因此，大学英语教学必须紧跟时代潮流，更加注重培养学生实际应用英语的能力，使之具备在工作和生活中运用英语的自信和熟练度。实际应用导向的大学英语教学应当遵循一些基本原则。首先，注重实际场景模拟，通过模拟真实工作和社会环境，让学生在课堂上就能够体验到实际应用的情境。其次，强调任务型教学，通过设计各种实际任务，培养学生解决问题和完成任务的英语能力。最后，注重与实际社会需求相结合，根据学生未来的职业方向和社会需求，有针对性地设置实际应用课程。实际应用导向的大学英语教学需要采用一系列策略。首先，引入真实案例和真实语境，通过案例分析和角色扮演等方式，让学生更好地理解和运用英语。其次，注重语言技能的综合训练，包括听说读写译等方面，使学生能够全面运用英语进行交流。此外，借助技术手段，如语音识别、在线实时交流等，提高学生英语应用的时效性和实际效果。实际应用导向的大学英语教学能够更好地激发学生的学习兴趣，因为学生在课堂上直接感受到英语的实际应用场景，能够更好地理解学习的意义。其次，更贴近社会需求，培养出更符合社会期望的英语人才。最后，更容易激发学生学习英语的主动性，因为学生能够直接看到英语在实际生活中的用处，提高学习的积极性。实际应用导向的大学英语教学是适应未来社会需求的必然选择。通过更注重实际应用，学生将能够更好地适应未来职场的英语使用需求，更自信、更熟练地运用英语进行跨领域的交流合作。这一趋势的发展将使大学英语教学更具有现实意义，更好地服务于学生的综合素质发展。

五、在线合作和国际交流

未来大学英语教学的重要趋势之一是在线合作和国际交流。随着全球化的推进和信息技术的飞速发展，学生有更多机会参与跨国合作和国际交流。在当今信息时代，全球范围内的跨国合作和国际交流变得更加频繁和便利。通过互联网和先进的在线工具，学生可以轻松地与来自世界各地的同学、教育者和专业人士进行合作。这种全球性的合作和交流对于培养学生的国际视野和跨文化沟通能力至关重要。因此，大学英语教学应该紧密结合在线合作和国际交流的趋势，为学生提供更广阔的学术和职业发展空间。在线合作和国际交流的大学英语教学需要遵循一些基本原则。首先，注重全球合作意识的培养，通过项目合作和团队合作，使学生能够更好地融入国际化的学术和职业环境。其次，强调跨文化沟通的能力，通过与不同文化背景的人合作，培养学生更宽广的国际化视野。最后，注重线上工具的合理应用，通过在线平台和社交媒体，打破地域限制，促进学生与国际伙伴的交流。

在线合作和国际交流的大学英语教学需要采用一系列策略。首先，通过国际项目合作，引入跨文化合作的实际案例，使学生在合作中逐步提高跨文化沟通的能力。其次，借助在线学习平台，搭建国际课程合作的桥梁，让学生能够在不同地域参与国际性的学术交流。此外，鼓励学生积极参与国际性比赛、论坛和研讨会，通过参与各类国际性活动，提高学生在国际交流中的竞争力。

在线合作和国际交流的大学英语教学有着显著的优势。首先，能够为学生提供更广泛的学术资源，通过与国际合作伙伴共享知识，拓展学生的学术视野。其次，促使学生更深入地了解不同文化，增强他们的跨文化沟通能力，为未来的国际职业发展打下基础。最后，提高学生在国际竞争中的竞争力，使其更具有国际化的背景和竞争力。

在线合作和国际交流是未来大学英语教学的必然趋势。通过引入国际化的合作和交流元素，大学英语教学将更好地适应全球化时代的需求，培养更具有国际竞争力的人才。这一趋势的发展将使大学英语教学更具有开放性和前瞻性，更好地满足学生在国际化背景下的学术和职业需求。

第六章 大学英语教学中的技术应用

第一节 技术在大学英语教学中的应用

一、多媒体教学在大学英语教学中的应用

多媒体教学是指在教学中使用多种媒体手段，如图像、声音、文字等，以提高教学效果的教学模式。在大学英语教学中，多媒体教学发挥着重要的作用，为学生提供了直观、生动、多样化的学习体验。多媒体教学是大学英语教学中的一种现代化、高效率的教学手段。随着科技的发展，多媒体技术在教育领域的应用逐渐成为趋势，对于提升大学英语教学质量、激发学生学习兴趣具有重要的意义。多媒体教学在英语教学中能够通过图像和声音等方式呈现生动直观的语言环境，使学生更容易理解和记忆。通过使用投影仪和电子白板，教师可以展示丰富的图像资料，如图片、地图、图表等，使抽象的语言知识变得具体形象。同时，配合语音、视频等多媒体元素，学生能够听到地道的语音，感受到真实的语言语境，有助于培养他们的听说能力。多媒体教学提供了互动性强的教学方式，使得学生更积极地参与课堂。通过使用多媒体工具，教师可以设计丰富的互动活动，如小组讨论、在线投票、语音录制等，激发学生的学习热情，增强他们的参与感。这种互动式的教学方式不仅能够提高学生的学习动力，还能够促使他们更深入地理解和掌握英语知识。多媒体教学为大学英语教学提供了更灵活的教学手段。教师可以根据课程内容的需要，选择合适的多媒体资源，如在线课程、教学视频、数字化教材等，使得教学更具有针对性和实效性。同时，学生也可以在课后通过多媒体资源进行自主学习，提高学习效果。多媒体教学还为大学英语教学提供了个性化定制的可能。通过利用多媒体技术，教师可以根据学生的兴趣和水平，设计个性化的学习任务和评价方式。这种差异化的教学模式有助于满足学生个体差异，更好地促进他们的学习发展。多媒体教学在大学英语教学中的应用为教学带来了诸多益处。通过生动直观的呈现、互动式的教学方式、灵活定制的教学手段，多媒体教学助力大

学英语教学走向现代化，为学生提供更富有创意和趣味性的学习体验。在未来，随着科技不断发展，多媒体教学将继续发挥更大的潜力，为大学英语教学注入更多创新与活力。

二、在线学习平台在大学英语教学中的应用

在当今数字化时代，在线学习平台已经成为大学英语教学中不可或缺的重要组成部分。这一趋势对教学方式、学习资源的传递和学生参与度等方面产生了深远的影响。在线学习平台的出现为大学英语教学带来了革命性的变化。这种平台通过提供多样化的学习资源、实现异地学习和互动、提供个性化的学习路径等方式，极大地丰富了大学英语教学的形式和内容。通过在线学习平台，大学英语教学可以实现异地学习和弹性学习。学生可以根据个人时间和地点选择适合自己的学习时机，不再受制于传统课堂的时间和地点限制。这种弹性学习模式为学生提供了更多自主安排学业的机会，使得他们能够更好地平衡学业和其他生活方面的需求。在线学习平台提供了丰富多样的学习资源。学生可以通过平台获取到电子教材、学术论文、教学视频、在线课程等形式的学习资料。这种多样性的资源不仅丰富了学生的学习内容，也为他们提供了更广泛的知识视野，有助于培养他们的综合素养。在线学习平台通过提供个性化的学习路径，满足了学生不同层次、不同水平的学习需求。通过智能化的学习系统，平台可以根据学生的学科水平、学习兴趣、学习速度等方面的数据，为其定制专属的学习计划，使得学习更加高效和个性化。在线学习平台还具有优异的互动性。通过在线讨论、协作学习、在线测验等功能，学生之间可以进行更为方便和即时的互动，教师也能够更好地与学生进行沟通。这种互动性的增强有助于建立更为紧密的学习社区，促进知识的共享和合作。

尽管在线学习平台为大学英语教学带来了巨大的便利，但也面临着一些挑战。例如，学生需要具备一定的自主学习和时间管理能力，而教师也需要适应新的教学模式，更好地引导和支持学生的学习。

在线学习平台的应用对大学英语教学带来了深刻的变革。通过提供异地学习、丰富多样的学习资源、个性化学习路径和强化互动等特点，这种平台为学生提供了更为便利、灵活、多元的学习环境。在未来，随着技术的不断发展，我们有理由期待在线学习平台在大学英语教学中发挥更为重要的作用。

三、在线语言交流平台在大学英语教学中的应用

在大学英语教学中，在线语言交流平台作为一种强大的技术工具，为学生提供了丰富的语言实践机会。通过这些平台，学生能够在虚拟环境中与母语为英语的人士进行交流，提高他们的口语表达能力、听力理解能力以及跨文化交际能力。在线语言交流平台为大学英语教学注入了新的活力。这些平台允许学生与世界各地的英语母语者直接交流，从而提供了更为真实、自然的语言实践环境。这对于学生来说是一次宝贵的机会，能够在课堂之外与母语人士进行互动，加深对英语语言的理解和应用。通过在线语言交流平台，学生能够提高英语口语表达能力。在与英语为母语者的实时对话中，学生需要用英语进行流利、自然的交流，这有助于培养他们的口语表达能力。与书面交流相比，口语表达更注重语音语调、表情和语速等方面，通过与英语为母语者的交流，学生能够更好地适应英语口语环境，提高自己的语感。在线语言交流平台能够提升学生的听力理解能力。与英语为母语者的实时交流要求学生迅速理解对方的表达，适应不同口音和语速，这对于培养学生的听力理解能力至关重要。通过频繁的语言交流，学生能够接触到更多真实的语言情境，提高对英语听力的敏感度。通过在线语言交流平台，学生能够拓展跨文化交际能力。与来自不同国家和文化背景的人交流，学生不仅能够提高语言水平，还能够了解不同文化的沟通方式、社交礼仪等，培养跨文化交际的能力。这对于今后在国际化背景下的职场和生活中都具有重要的意义。通过在线语言交流平台，学生还能够建立全球性的语言学习社区。这样的社区不仅有助于学生之间的互相学习、互助合作，还能够促进不同文化之间的交流，形成一个共同发展的学术和语言学习平台。尽管在线语言交流平台在大学英语教学中有诸多优势，但也面临一些挑战。例如，学生需要适应异地交流的时差和网络环境，同时，平台上存在的语言和文化差异也可能对交流产生一定的影响。在线语言交流平台在大学英语教学中的应用为学生提供了全新的学习体验。通过与英语为母语者的实时交流，学生能够提高口语表达和听力理解能力，培养跨文化交际能力，建立全球性的语言学习社区。随着技术的不断进步，相信在线语言交流平台将继续发挥更大的作用，为大学英语教学带来更多的创新和发展。

四、电子课本和电子资源在大学英语教学中的应用

在大学英语教学中，电子课本和电子资源作为现代技术的产物，已经成为促

使教学发展的重要因素。这些工具为教师和学生提供了更灵活、多样化的学习方式，丰富了教学内容，提高了学习效果。电子课本和电子资源的应用为大学英语教学带来了新的机遇和挑战。首先，电子课本的引入使得教学内容更为灵活多变。传统纸质课本通常难以更新和调整，而电子课本可以随时根据教学需求进行修改和更新，使得教师能够更及时地调整课程内容，满足学生的学习需求。这种灵活性有助于提高课程的实效性，使得教学更符合时代发展的要求。电子资源的丰富性为学生提供了更广泛的学习资料。通过电子资源，学生可以获取到丰富的英语学习材料，包括英语文章、音频、视频等多种形式的资料。这种多样性不仅拓宽了学生的知识面，也提高了他们对英语应用的能力。学生可以根据个人兴趣和学科需求选择合适的电子资源，更好地满足他们的个性化学习需求。电子课本和电子资源的使用促进了教学的互动性。通过在线学习平台，教师可以设置在线讨论、互动问答等环节，促使学生在学习过程中更为积极主动地参与。这种互动性不仅有助于促进学生之间的合作与交流，也增强了学生与教师之间的互动，提高了学习的效果。电子课本和电子资源的应用为教学提供了更为直观的呈现方式。通过音频、视频等形式，学生能够更生动地感知语言的发音、语调等特征，提高听力理解能力。同时，图文并茂的电子资源也有助于学生更好地理解课程内容，提高阅读理解水平。电子课本和电子资源的应用也面临学生可能因为电子设备使用不当或过度使用而产生注意力分散等问题。其次，教师在使用电子资源时需要具备一定的技术水平，以确保教学过程的流畅进行。另外，由于电子资源的更新较为迅速，学校需要不断更新设备和软件，以保障教学的正常进行。

电子课本和电子资源在大学英语教学中的应用为教学注入了新的活力。通过提供灵活多变的教学内容、丰富多样的学习资料、互动性强的学习方式以及直观呈现的教学形式，这些工具促进了学生的积极参与和个性化学习，提高了教学的效果。在未来，随着技术的不断发展，相信电子课本和电子资源的应用将会更加深入，为大学英语教学带来更多的创新和发展。

五、智能辅助写作工具在大学英语教学中的应用

在大学英语教学中，智能辅助写作工具作为一种现代技术应用，为学生提供了有力的支持，极大地促进了写作教学的发展。这种工具通过提供拼写和语法检查、词汇替换建议等功能，使学生在写作过程中更加自信和高效。智能辅助写作工具

的引入为大学英语写作教学注入了新的活力。首先，这些工具通过拼写和语法检查功能，有效帮助学生提升写作质量。在学生进行写作过程中，常常会因为拼写错误或语法问题而影响整体表达效果。智能辅助写作工具能够迅速检测并纠正这些问题，帮助学生在写作中避免基础性的语言错误，使他们的文章更加规范、流畅。智能辅助写作工具通过提供词汇替换建议等功能，丰富了学生的写作表达。在写作过程中，学生可能面临用词不准确或表达方式单一的问题。这些工具通过分析上下文，提供合适的词汇替代建议，帮助学生丰富文章词汇，使写作更富有层次感和表达力。智能辅助写作工具还具备语法分析和语言风格建议等功能，有助于学生提高写作的深度和打造语言风格。通过对学生写作进行语法分析，这些工具能够指导学生改进语言结构，使得文章更为严谨。同时，通过提供语言风格建议，如避免使用被动语态、提倡使用多样的句式结构等，帮助学生塑造更富有个性的写作风格。

智能辅助写作工具的应用也面临一些挑战。首先，这些工具可能无法涵盖所有语境，导致某些特定情境下的建议不够准确。其次，学生过度依赖这些工具可能导致他们对语言的自主思考能力下降，影响其独立写作的水平。因此，在使用这些工具的同时，教师需要引导学生正确使用，并在适当的时候鼓励他们进行手工修正，以培养其独立思考和表达能力。

智能辅助写作工具在大学英语教学中的应用为学生提供了强大的写作支持。通过拼写和语法检查、词汇替换建议等功能，这些工具帮助学生提升写作质量、丰富表达方式、改善语言风格。然而，在使用这些工具时，需要注意引导学生正确使用，避免过度依赖，以达到更好的教学效果。

第二节 在线学习平台与教学资源

一、在线学习平台

（一）自动写作评改系统

自动写作评改系统在国外已经取得了成功，并有多种代表性的系统投入使用。其中，IEA（Intelligent Essay Assessor）、E-rater（Electronic Essay Rater）和PEG（Project Essay Grade）是比较具有代表性的系统。IEA注重内容，使用基于潜在语义分析的知识分析技术软件对作文文本进行自动评估，主要评估语法、词汇等内容质量。PEG 则注重形式，更关注作文的浅层特征，主要评估作文的内在性和接近性，强调语言质量分析。E-rater 综合考虑内容和形式，结合统计技术、自然语言处理技术、信息检索技术，对作文的语法、用词、写作机制、写作风格等进行全面评分和实时诊断反馈。这些自动写作评改系统在英语母语学习者中取得了良好的效果，但在英语为外语或二语的学习者中存在适用性不足的问题。因此，国内研发了针对英语非母语学习者（EFL）的自动写作评改系统，其中句酷批改网和极智批改网是使用最广泛的系统。句酷批改网以自然语言处理技术和语料库技术为基础，通过对比分析学生习作和标准语料库文本的差距，对学生的英语书面作文进行即时评分和反馈分析，并提供修改建议。批改网不仅能够记录学生提交和修改作文的过程，形成个性化的学习者写作数据库，而且提供即时评分与反馈，帮助学生逐步提升写作水平。批改网还引入了生生互改和师生互改的功能，增强了交互性和用户体验。与国外系统相比，批改网作为本土化的在线自动作文批改系统有其独特优势。它从 192 个维度审查和自动批改学生习作，提供评分和反馈意见，同时记录所有修改数据。教师可以随时调阅、人工批改作文，推荐作文并下载相关数据，促进数字化平台写作教学与研究。由于即时批改与反馈的特性，学生在完成作文提交后能够迅速获得评分与反馈，通过反复修改逐渐提高写作水平，增强成就感和满足感。然而，批改网也存在一些不足之处，如不能评估文章内容的切题性、不能识别结构复杂的句子以及对修辞等方面的反馈不足。在不断改进中，批改网引入了互评和群批功能，增强了用户交互和语料库扩大。然而，系统设置的“在截止日期后生效”的学生互评功能并不能最大限度地帮助学生的协作学习，建议改为在线互评，以更好地打破师生之间的界限。批改网作为本土化自动写作批改系统在提供即时评分、反馈和促进学生写作能力提升方面取得了显著成就。然而，仍需进一步改进系统的内容分析能力、结构识别能力和反馈个性化特征，以更好地满足学生和教师的需求。随着技术的不断发展，自动写作评改系统有望在未来取得更大的突破和进步。

（二）智能化写作平台

智能化写作平台在英语写作教学和研究领域取得了显著的进展，从最初的简单“改不改”到如今的基于大数据和智能算法的“社群改”，这一演进反映了写作教学的数字化趋势和不断探索的动力。全球范围内，高校纷纷投入自主研发的智能写作系统，其中清华大学与高等教育出版社合作的“体验英语——写作教学资源平台”（Teaching Resources Platform，TRP）成为备受瞩目的代表之一。TRP 系统立足学生学习需求和目标，通过多元数字化学习资源，将数字化学习资源与优质数字化教学平台相结合，创造真实、自主、交互的学习环境，旨在提升学生英语写作能力。经过多年的不断发展，TRP 系统已经发展到 iSmart-TRP 3.2 版，实现了在线学习与课堂教学的有机结合。该平台不仅降低了写作教师的工作强度，同时提高了作文评改的质量。以一篇 200 词左右的英语作文为例，TRP 评改时间仅为 40 秒，准确率在 85% 以上，为学生提供详细的“体检报告”，激发了学习者的纠错意识，帮助学生逐步提升写作水平。北京科技大学数字化英语写作教学团队在引入 TRP 平台后，进行了深入的实践和研究，构建了 300 余万字的中国学生英语写作语料库。通过对这一庞大的语料库的分析，建立了基于海量数据的错误类型语料库。与此同时，TRP 系统的自动生成英语评语以及三级评议等功能也为教师提供了丰富的教学资源，促进了师生互动与合作。智能化写作平台的数字化学习资源基于大数据技术，以提高写作能力为核心目标。通过真实、生动的学习环境，平台满足了不同情境的课堂教学需求，激发了学生的学习兴趣与热情。这种基于大数据支持下的智能化写作平台体现了多个方面的迅捷性，包括自动评改的迅捷性、资源查询的迅捷性、资源分享的迅捷性、教师反馈的迅捷性等。这些特性为教学改革提供了积极的支撑作用，有助于构建适应社会发展的新型教学模式。这些平台的数字化学习资源不仅提高了学生的写作能力，还促进了学生的意义建构。通过多元化的信息输入，学生在“试听”导写、以“说”代写、以“读”促写、以“译”助写的过程中全方位地提升了写作技能。大数据技术和智能化写作平台的结合为英语写作教学注入了新的活力，为教育领域的数字化转型提供了有益的借鉴。

（三）慕课

慕课（Massive Open Online Courses，MOOC）作为一种新型的在线学习平台，其兴起不仅标志着高等教育的革新，也深刻地影响了全球学习者的学习方式和学术发展。慕课理念于 2008 年由 Dave Cormier 和 Bryan Alexander 首次提出，而 2012 年被认为是慕课元年，从此之后，慕课在全球范围内迅猛发展。其中，edX

作为慕课平台的先锋之一，由哈佛大学和麻省理工学院于2012年创立，旨在为学习者提供高质量、开放式的在线教育资源。edX迅速吸引了全球130所大学和学术机构的支持，包括中国的清华大学、北京大学、香港大学和香港科技大学等。截至2018年7月，edX已经提供了超过2124门在线课程，其中1913门以英语为中介语。这个平台已经积累了惊人的1400万选修人数和5200万注册人次，为学术共享和全球学习者提供了宝贵的学术资源。Coursera作为另一重要的慕课平台，由斯坦福大学创立于2012年。Coursera致力于打破地域限制，将世界各地优秀大学的课程带到学习者的电脑前。该平台目前已经汇聚了来自150多家大学和机构的2700多门在线课程，选课人数更是高达3300多万（数据截至2018年7月）。Coursera通过高质量的课程和专业的教学团队，成为学术资源共享的重要平台之一。另一家备受关注的慕课平台是Udacity，其起源于斯坦福大学的一次实验。由Sebastian Thrun和Peter Norvig教授发起的实验，通过免费开放的在线方式向全球传播《人工智能概论》课程，吸引了来自190个国家的16万多名学生。Udacity正式成立后提供了25门在线课程，用户数量达到了40万。这种创新性的教学实践为慕课平台的发展开辟了新的道路。在国内，慕课平台的崛起对于推动中国高等教育的创新与改革产生了深远的影响。中国大学MOOC和全国地方高校优课联盟是国内较为知名的慕课平台之一。中国大学MOOC由网易与高等教育出版社于2014年联合创立，旨在向大众提供中国知名高校的MOOC课程。首批上线的大学有16所，包括北京大学、浙江大学、复旦大学等。目前，中国大学MOOC已经吸引了159所加盟大学，学术合作机构17家，拥有7920门精品课程资源库。全国地方高校优课联盟则由深圳大学发起创立，目前成员高校达到125所，上线MOOC课程261门，选课人数更是超过30万。这两个平台的崛起促使中国高校积极参与在线教育，推动了精品课程的建设和教学改革。微课平台的出现更是在线教育领域的又一项创新。微课（Small Private Online Course，SPOC）模式由加州大学伯克利分校的Armando Fox教授提出，强调个性化、小规模的在线学习。这种模式更贴近学生的需求，为个性化学习提供了更多的可能性。

慕课平台的兴起不仅改变了传统高等教育的教学模式，更为学习者提供了便利、灵活、多样的学习机会。在全球范围内，各类高校和机构纷纷加入慕课的行列，推动着全球教育资源的共享与传播。中国的慕课平台也在不断创新和发展中，为中国教育的未来注入了新的活力。慕课时代的到来，标志着教育将更加开放，学术资源将更加共享，学习者将在全球范围内享受到更为广泛的学术盛宴。

二、教学资源

（一）大学英语在线听力教学资源

1.VOA Learning English

VOA Learning English（美国之音学英语）作为一项备受欢迎的大学英语在线听力教学资源，为英语学习者提供了丰富而实用的学习内容。该平台以其独特的特点和广泛的受众而著称，为学生提供了多样的学习资源，涵盖了听力、阅读、写作等多个方面。VOA Learning English 致力于提供高质量的英语听力材料。在这个平台上，学习者可以轻松访问到包括新闻、故事、访谈等多种题材的英语听力素材。这些素材通常由专业的美国记者和主持人制作，语速适中，清晰易懂，有助于学生培养对地道英语的理解能力。通过不同主题和语境的听力练习，学生能够提高听力技能，更好地适应各种英语环境。VOA Learning English 注重实用性和互动性。平台上的听力材料不仅涉及日常生活、国际新闻等热门话题，还包括了一系列实用英语技能的培训，如商务用语、社交用语等。这使得学生在学习英语的同时，能够获得实际运用的机会，更好地适应英语在现实生活中的场景。VOA Learning English 提供丰富的辅助学习资源，包括文字稿、词汇表、在线测验等。学生可以在听听力材料的同时查看文字稿，了解每个单词的拼写和发音，加深对内容的理解。此外，词汇表的提供帮助学生学习新词汇，巩固听力内容。而在线测验则是一个测试学生听力水平的好工具，有助于学生全面地评估自己的听力能力。VOA Learning English 还通过社交媒体等渠道积极与学生互动。学生可以通过平台上的评论区与其他学习者交流，分享学习心得，提出问题。此外，平台还提供了在线社交平台的链接，学生可以通过这些渠道与 VOA Learning English 的工作人员和其他学习者建立联系，形成一个庞大的学习社群，促进信息和经验的共享。在整个学习过程中，VOA Learning English 注重灵活性和个性化。学生可以根据自己的学习需求和进度选择合适的听力材料，并通过不同的学习方式获取知识。这种个性化的学习模式有助于激发学生的学习兴趣，提高学习效果。VOA Learning English 作为大学英语在线听力教学资源，以其全面而实用的学习内容，以及互动性和社交性的特点，为英语学习者提供了一个优质的学习平台。通过该平台，学生能够系统性地提高听力技能，同时在实际运用中获得更多的语言经验，为应对不同场合的英语交流打下坚实的基础。

2.TED Talks

TED Talks 作为大学英语在线听力教学的重要资源，为学生提供了丰富多彩的演讲内容，涵盖了各种主题，从科技、艺术到社会问题。这一平台以其独特的特色，如专业演讲者、有趣的话题和全球性的影响力，成为提高学生听力技能和拓展知识面的理想选择。TED Talks 的主讲者多来自各领域的专业人士，他们在各自的领域取得了卓越的成就，因此具备高水平的表达和表演能力。这为学生提供了一个近距离聆听行业精英观点的机会，同时也让学生能够接触到丰富的专业术语和表达方式，有助于提高他们的专业词汇量和听力理解能力。TED Talks 的话题涉及面广泛，既有前沿科技的探讨，也有文化、艺术、社会问题等方面的演讲。这种多样性有助于拓展学生的知识面，激发学生对不同领域的兴趣。从而，学生不仅仅能够提高英语听力水平，还能够在学科交叉的过程中培养综合素养。TED Talks 的演讲内容通常以轻松幽默、引人入胜的方式呈现，有助于吸引学生的注意力。这种生动有趣的表达方式不仅提高了学生对内容的理解度，还能够激发他们对学习的兴趣，使听力学习变得更加愉悦。TED Talks 还通过提供字幕和多语种翻译的方式，帮助学生更好地理解演讲内容。字幕不仅提供了对演讲的文字解释，还使学生能够对照英文原文，进一步强化听力理解。多语种翻译则为非英语母语的学生提供了更便捷的学习途径，有助于他们更好地理解和应用学到的知识。TED Talks 提供了在线社区和讨论区域，学生可以在这里分享他们的观点、提出问题，与其他听众和讲者进行互动。这种互动性有助于学生在学习过程中形成更为深刻的理解，并促进了学习社群的建立。在使用 TED Talks 进行大学英语在线听力教学时，教师可以根据学生的水平选择不同难度和主题的演讲，有针对性地帮助学生提高听力水平。同时，学生也能够根据自己的兴趣选择感兴趣的演讲，更好地融入学习氛围，提高学习动力。TED Talks 作为大学英语在线听力教学资源，通过其独特的演讲形式、多样的主题内容和互动性特点，为学生提供了一个全方位、富有活力的学习平台。通过 TED Talks 的学习，学生不仅可以提高听力水平，还能够扩展自己的知识领域，培养跨学科的综合素养，使学习更加生动有趣。

3.BBC Learning English - 6 Minute English

BBC Learning English 的“6 Minute English”是一项备受欢迎的大学英

语在线听力教学资源。通过短小精悍的6分钟节目，该资源提供了丰富多样的英语听力材料，涵盖了各种主题，旨在帮助学生提高英语听力水平，并且让学习变得更加有趣。“6 Minute English”注重实用性和时效性。每期节目都围绕着当下热门、实用的话题展开，如科技、文化、健康等。这样的设计使学生在听力训练的同时，能够了解到社会最新的动态和热点问题。这对于学生的语言实际运用和拓宽视野具有重要作用。该资源特有的6分钟时长设计符合了学生繁忙的学习生活。短时间内集中注意力，聆听精彩内容，既不会过于耗时，也能够有效提高听力效果。这种紧凑而精致的节目形式，有助于学生更好地融入学习，适应现代快节奏的学习环境。“6 Minute English”不仅提供了声音，还提供了文字稿、词汇表和讨论问题。这种多层次的提供方式，使学生在听的同时，可以对照文字稿进行阅读，了解每个单词的拼写和发音。词汇表和讨论问题则为学生提供了深层次的学习支持，帮助他们更好地理解和运用所学知识。“6 Minute English”节目的主持人以清晰、标准的英语发音为特色，有助于学生培养对地道英语的听力理解能力。主持人的表达方式通常幽默风趣，让学生在轻松愉快的氛围中进行听力训练，提高学习的积极性。在“6 Minute English”中，学生不仅能够提高听力技能，还能够学到各种实用的英语表达和习惯用语。这种融入日常生活用语的特点，使学生在实际应用中更加得心应手，更具有口语表达的自信心。BBC Learning English的“6 Minute English”是一项富有创意和实用性的大学英语在线听力教学资源。通过其独特的节目设计、丰富的话题内容和深度的学习支持，学生能够在短时间内获得高效的听力提升，同时丰富自己的英语表达和理解能力，使学习英语变得更加生动有趣。

（二）大学英语在线阅读教学资源

1.Newsela

Newsela是一项为大学英语在线阅读教学提供丰富资源的平台，其独特的特点在于提供了定制化的新闻文章，以适应学生不同的阅读水平和兴趣爱好。Newsela致力于通过提供高质量、富有吸引力的文章，激发学生的阅读兴趣，提高他们的阅读能力。Newsela以新闻为主题，提供了丰富多样的时事文章，覆盖了政治、科技、文化、环境等多个领域。这种时事性的内容使学生能够通过阅读了解最新的国际动态，拓宽视野，同时在实际阅读中提高语言应用能力。此外，

Newsela还定期更新文章，确保内容的新鲜度和实用性。Newsela通过其独特的定制化功能，根据学生的阅读水平提供相应难度的文章。这种差异化的阅读材料设计既能够满足初学者的需求，也能够为高级学生提供具有挑战性的文章，使平台更具有灵活性和适用性。学生可以根据自身能力和兴趣，选择适合自己水平的文章进行阅读。Newsela提供了一系列的学习支持工具，如词汇表、测验和写作活动等。这些工具为学生提供了更深层次的学习支持，有助于他们更好地理解文章，掌握文章中的关键信息。词汇表的提供有助于学生积累词汇，测验则检测学生对文章的理解程度，写作活动则激发学生进行思考和表达。Newsela的文章还配有丰富的视觉素材，如图片、图表和视频等，以增强学生对文章内容的理解。这种多媒体的呈现方式不仅使学习更加生动有趣，还有助于提高学生的视觉辨别能力和信息处理能力。平台还支持学生进行实时的阅读进度追踪和学习表现评估。教师可以监控学生在平台上的活动，了解他们的学习进展，并根据学生的表现提供个性化的反馈和指导。这有助于教师更好地了解学生的需求，调整教学策略，提高教学的针对性和有效性。Newsela致力于打破语言和文化的障碍，提供多语言的文章翻译，使非英语母语的学生也能够很轻松地进行阅读学习。这有助于促进跨文化理解，培养学生的国际视野。Newsela作为大学英语在线阅读教学资源，通过其独特的新闻定制化和多样的学习支持工具，为学生提供了一个丰富、有趣、灵活的学习平台。通过对Newsela的使用，学生不仅能够提高英语阅读水平，还能够增长见识、培养学科领域的深度理解，使学习变得更加富有成就感。

2.National Geographic Learning - Reading Explorer

National Geographic Learning的阅读教材系列之一，“Reading Explorer”，为大学英语在线阅读教学提供了丰富的资源。这一系列的教材以国家地理为背景，将学生引入一个充满探索和发现的学术世界，通过精选的文章和多样的学习活动，帮助学生提高英语阅读能力和扩展知识面。“Reading Explorer”的独特之处在于其以国家地理为主题，选择了世界各地令人着迷的地理和科学话题。这样的设计不仅使学生能够在阅读中获取丰富的地理信息，还能够了解关于动植物、环境、文化等多个方面的知识。这对于学生的跨学科学习和全球视野的培养具有积极的影响。教材中的文章涵盖了不同的难度级别，适应了不同水平的学生。从初级到高级，学生可以选择适合自己水平的文章进行阅读。这种差异化的设计有助于每个学生根据自己的实际情况进行有针对性的学习，不断提高阅读技能。“Reading Explorer”还通过精心设计的学习活动帮助学生深化对文章的理解。这些活动包括问题回答、词汇练习、讨论和写作任务等，旨在激发学生的思考和表达能力。通过这些多样化的活动，学生能够更全面地掌握文章的内容，同时培养语言运用和分析能力。教材中还提供了丰富的视觉素材，如图片、图表和地图等，以辅助学生对文章内容的理解。这种多媒体的呈现方式不仅提高了学生的学习兴趣，还有助于他们更好地理解地理概念和阅读材料中的信息。“Reading Explorer”系列教材还注重培养学生的阅读技能，如主旨思想的把握、关键信息的捕捉、推理和判断等。这些技能对学生不仅在大学阅读中有帮助，同时也为他们将来的学术研究和职业发展奠定了基础。这个教材系列还与在线平台结合，提供额外的学习资源和互动工具。学生可以在这个平台上找到扩展阅读、词汇练习、在线讨论等各种资源，拓展学习的广度和深度。National Geographic Learning-Reading Explorer 系列为大学英语在线阅读教学提供了全面而有趣的资源。通过引入国家地理为背景，巧妙选择文章主题，设计多样化的学习活动，以及结合在线平台，这个系列教材有助于学生在阅读中提升语言水平，拓展知识面，培养全球意识。

（三）大学英语在线写作教学资源

1.Purdue Online Writing Lab （OWL）

Purdue Online Writing Lab（OWL）作为大学英语在线写作教学的重要资源，为学生提供了广泛而深入的写作指导和支持。OWL 致力于帮助学生发展良好的写作技能，提高论文和文章的质量，涵盖了从写作初学者到高级写作者的各个层次。OWL 提供了丰富的写作资源，包括写作指南、范文、练习题等。这些资源涵盖了写作的方方面面，从构建段落和组织结构到文献引用和拼写语法，OWL 的内容丰富多样，满足学生在写作过程中的各种需求。不仅如此，OWL 还提供了专门针对不同类型写作的指导，如实验报告、研究论文、文学分析等，使学生能够更加系统和深入地理解各种写作风格和要求。OWL 的写作指南注重交互性和个性化。学生可以在 OWL 上找到针对不同写作问题和难点的详细解答和建议。特别是 OWL 的在线写作实验室，学生可以提交自己的文章，并得到实时、个性化的反馈。这种一对一的指导模式有助于学生更好地理解自己的写作问题，提高自我修正和编辑能力。OWL 还提供了广泛的文献引用和写作格式指南，包括 APA、MLA、Chicago

等多种引用风格。这有助于学生规范引用来源，避免抄袭，并提高学术写作的专业性。通过 OWL 的指导，学生能够更好地理解引用规范，确保写作符合学术和出版要求。OWL 强调了多媒体和在线互动的特点。学生不仅可以通过文本形式的指南获取写作技巧，还可以通过视频、演示文稿等形式获得更生动形象的指导。OWL 还包括了在线论坛和讨论组，学生可以在这里交流写作经验，提问问题，共享学习资源，形成一个互助学习的社区。OWL 的写作资源不仅适用于大学本科生，也涵盖了研究生和专业领域的写作者。对于那些需要高水平写作支持的学生，OWL 提供了更为专业和深入的指导，包括研究方法、学术写作、学术发表等方面的内容。Purdue Online Writing Lab 是一个综合性、互动性和个性化的大学英语在线写作教学资源。通过提供全面的写作指南、实践机会和交流平台，OWL 为学生提供了一个高效、灵活且有深度的写作学习环境。无论是写作初学者还是有经验的写作者，都能在 OWL 中找到适合自己需求的支持和指导。

2.Grammarly

Grammarly 作为一款广受欢迎的大学英语在线写作教学资源，为学生提供了强大的语法检查和写作改进工具。其独特的功能和对用户友好的界面使其成为学术写作领域的一项重要辅助工具。Grammarly 通过其高效的语法检查功能帮助学生改进英语写作的语法结构。该工具能够检测和纠正文章中的拼写错误、标点符号使用不当、主谓一致性等语法问题，有效提高文章的语法准确性。对于非英语母语的学生而言，Grammarly 更是一位得力的语法助手，帮助他们规避写作中常见的语言错误，从而提高写作水平。Grammarly 提供了对文体和写作风格的全面检查。通过分析文章的语言使用，Grammarly 可以为学生提供关于写作风格、用词选择、语句结构等方面的个性化建议。这不仅有助于学生形成更为流畅和富有表达力的写作风格，也培养了他们对于不同文体和写作技巧的认识。除了语法和写作风格的检查，Grammarly 还提供了拼写检查功能，确保文章中没有拼写错误。这对于学术写作而言尤为重要，因为拼写错误不仅会影响文章的专业度，还可能导致误解或降低读者对文章的信任度。Grammarly 的在线平台也支持多平台使用，包括网页插件、桌面应用和移动应用，使学生能够随时随地使用该工具。这种便捷的特性有助于学生在写作过程中实时检查和改进，提高写作效率。Grammarly 还提供了关于文档的整体评估和得分，使学生能够直观了解文章的整体质量，并了解需要改进的方面。这种个性化的反馈不仅有助于学生提高当前文章的质量，还有助于长期提升写作能力。Grammarly 通过其语法检查和写作建议功能，帮助学生形成自主学习的习惯。学生可以通过查看每一处纠正和建议，了解并理解其中的规则和原则，逐渐提高自己的语言运用能力。Grammarly 作为大学英语在线写作教学资源，以其强大的语法检查和写作改进功能、对用户友好的界面、全面的文体检查以及便捷的多平台支持等特点，为学生提供了一站式的写作辅助服务。通过使用 Grammarly，学生可以更加自信和高效地进行英语写作，提高语言表达能力，达到更高的学术和职业写作水平。

第三节 社交媒体视角下的英语协作学习

一、网络环境下的英语协作学习

网络环境下的英语协作学习是当前教育领域不可忽视的重要议题。《国家中长期教育改革和发展规划纲要（2010—2020 年）》和《教育信息化十年发展规划（2011—2020 年）》的提出明确了推动信息技术与高等教育深度融合、创新人才培养模式的重要性。随着计算机和网络技术在教育中的广泛应用，大学英语教学面临新的挑战和机遇。近年来，基于网络的协作学习引起了广泛关注。该模式下的协作学习消除了时空限制，为学生提供了更充裕的思考时间，有助于精细化发言，促进对讨论问题的深层次理解，同时也更容易调动不善表达学生的积极性。网络环境下的合作学习具有开放性、广域性和交互性的优势，能够在短时间内有效获取新材料，为教学提供了更多的可能性。在英语网络协作学习中，小组成员可以运用语音和文字相结合的方式提高语言可理解性，通过录音的重复使用，有助于语言学习从短期理解过渡到长期获得。研究表明，网络环境下的协作学习为英语教学提供了更为适宜的开展平台。然而，尽管网络环境下的协作学习受到了学界的一致认可，但随着社交媒体的兴起，特别是作为最新的网络媒体，如何在社交媒体上展开协作学习，目前尚缺乏更多的实证研究可供借鉴。社交媒体作为网络媒体的一种，具有互动性强、信息传播快速、用户参与度高等特点，因此在英语协作学习中的潜力巨大。首先，社交媒体提供了更为灵活和开放的交流平台，学生可以通过各种形式的社交媒体进行实时讨论、信息分享和学习资源共享，从而促进协作学习的深入展开。其次，社交媒体的多媒体功能使得学生能够更富创造性地表达自己的观点，如图文并茂的分享、视频讨论等，进一步提升了语言学习的效果。此外，社交媒体还可以打破传统学科之间的界限，促进跨学科的合作学习，培养学生更全面的能力。为了更好地利用社交媒体进行英语协作学习，有必要进行实证研究，探索社交媒体在不同学科和不同层次的英语教学中的有效性和适用性。研究者可以关注学生在社交媒体上的学习行为，如何进行有效的沟通和合作，以及社交媒体对学生语言表达和批判性思维能力的影响等方面进行深入研究。网络环境下的英语协作学习是推动大学英语教学创新的重要途径。社交媒体的出现为协作学习提供了新的可能性，但也需要更多实证研究的支持，以更好地指导实际教学实践。随着技术的不断发展，英语教学在网络环境下的协作学习将进一步拓展，为学生提供更为丰富、灵活和个性化的学习体验。

二、社交媒体的发展为英语教与学提供的机遇

（一）社交媒体在教学中的应用

社交媒体的蓬勃发展为英语教与学提供了广阔的机遇，尤其在教学中的应用方面引起了教育工作者的高度关注。近年来，随着微博、微信、博客、QQ 等社交媒体的迅速普及，教育领域也开始深入研究社交媒体在教学中的潜在应用、规律和效果，并进行了一系列实践尝试。在国内，一些教育工作者已经将社交媒体引入教学领域，进行了一些有益的探索。例如，一些教师将微博应用于《大众传播学》和《英语》等课程的教学中。在国外，教育工作者探讨了如何利用推特提高学生参与课堂的重要性。此外，一些教师还通过 QQ 群建立辅助英语写作教学平台。这些实践和研究表明，社交媒体的使用有助于激发学生的学习兴趣，促使他们更积极地参与学习，实现知识的迁移。这为进一步深入研究社交媒体在英语教学中的应用提供了基础。社交媒体在教学中的应用具有多方面的优势。首先，社交媒体提供了一个灵活和开放的交流平台，使学生能够更自由地分享观点、交流信息，并在学习过程中建立更紧密的联系。其次，社交媒体的多媒体功能为学生提供了更丰富的表达方式，例如图文结合的分享、视频讨论等，有助于提高语言学习的效果。此外，社交媒体还有助于打破学科之间的界限，促进跨学科的合作学习，培养学生更全面的能力。尽管社交媒体在教学中的应用带来了许多积极影响，但也面临一些挑战。首先，教育工作者需要充分了解社交媒体的特点和规律，以更好地应用于教学实践。其次，需要关注社交媒体在教学中可能引发的隐私和安全问题，确保学生在良好的网络环境中学习。此外，教育工作者还需要思考如何更

好地整合社交媒体与传统教学模式，以实现更有效的教学效果。社交媒体在英语教与学中的应用是一项前景广阔的研究领域。通过深入研究社交媒体在不同学科和不同层次的英语教学中的实际应用，可以更好地发挥社交媒体在教育领域的潜力，为提高教学质量和学生学习体验提供有益的启示。

（二）社交媒体为协作学习提供了新的空间

社交媒体的蓬勃发展为英语教与学提供了广泛的机遇，尤其在协作学习方面呈现出新的可能性。社交媒体的流行使其在大学校园中变得自然而方便，很多研究者认为，与传统网络媒体相比，社交媒体不仅提供了大量真实的学习材料，而且在教学中的应用显著提高了学生的学习参与度和愉悦感。同时，社交媒体为学生提供了更便利的交流环境，对协作学习产生了促进作用。在大学英语教学中，社交媒体的应用为协作学习提供了新的空间和可能性。学者们认为，协作学习是一种新的教育观念和方法，受到了高度关注。通过观察研究社交媒体环境下学生英语协作学习，可以丰富协作学习的理论体系，并指导教学实践。协作学习创造了真实生动的教育环境，体现了学生的主体地位，并满足了他们的心理情感需求。未来，协作学习在英语教学中的应用将继续发展和壮大。社交媒体的传播方式日新月异，丰富多样，对教学方式带来了巨大的影响和改变。然而，目前在将社交媒体应用于英语教学方面仍然存在一些困难，这直接导致该教学模式的实证研究在大范围内推广面临阻碍。因此，关于如何正确合理地将社交媒体应用于协作学习的研究仍需进一步完善。在教学实践中，社交媒体的应用需要教育工作者深入了解其特点和规律，充分发挥其潜力。同时，需要关注社交媒体在教学中可能引发的隐私和安全问题，确保学生在良好的网络环境中学习。此外，教育工作者还需思考如何更好地整合社交媒体与传统教学模式，以实现更有效的教学效果。社交媒体在英语教与学中的应用为协作学习提供了新的契机。

三、基于社交媒体的协作学习教学模式完善策略

（一）加强“双主教学设计模式”

在基于社交媒体的协作学习教学模式中，强调“双主教学设计模式”是关键的完善策略。这一模式将“教师为主导，学生为主体”作为教学设计的核心原则，在基于社交媒体的英语教学中应予以重视。以下是加强这一模式的具体策略。

强化教师信息技术能力，教师作为主导者，需要加强对信息技术的学习和理

解，提高信息技术能力和水平。社交媒体在教学中的应用和发挥很大程度上取决于教师的信息技术操作和掌握水平。为此，教师应主动参与相关培训和学习活动，熟悉并合理应用社交媒体于英语教学中。只有不断提升信息技术能力，教师才能更好地指导学生完成协作学习任务，优化教学设计。

加强学生信息素养和主体意识培养，学生作为协作学习的主体，需要不断提高信息素养及主体意识。教育工作者应该注重培养学生的信息素养和能力，使其具备独立获取、分析和应用信息的能力。学生应该被激励培养健康快乐的学习习惯，从而更好地参与各种形式的协作学习，例如实时的专题研讨、话题辩论、同伴互评等。

优化协作学习任务设计，在“双主教学设计模式”中，协作学习任务的设计至关重要。教师应该结合社交媒体的特点，设计具有启发性和实践性的任务，促使学生在协作中充分发挥创造性和批判性思维。任务设计应当具有挑战性，引导学生深入思考和合作解决问题，同时关注任务的实际应用性，使学生能够将学到的知识应用于实际情境中。

提升学生互动与沟通能力，社交媒体的应用强调互动和沟通，因此学生需要培养良好的互动与沟通能力。教育工作者可以通过设计课程活动，鼓励学生积极参与讨论、交流观点，并通过社交媒体平台展示他们的学习成果。这有助于建立积极的学习氛围，提高学生对协作学习的参与度。

建立有效的反馈机制，在“双主教学设计模式”下，建立有效的反馈机制对于学生的学习至关重要。教师应及时给予学生反馈，指导他们的学习方向，同时鼓励学生之间进行同伴评价。社交媒体平台可以成为学生间交流反馈的有效工具，促进学习者之间的互动。

通过强调“双主教学设计模式”并采取上述策略，可以更好地整合社交媒体与英语教学，实现教师与学生在协作学习中的有效互动，提升教学效果，同时培养学生全面发展所需的各方面素养。

（二）建立完善的三位一体的协作学习监控体系

协作学习的成功实施离不开一个有效的监控体系，而社交媒体的应用为建立更加自主、开放和互动性的协作学习提供了机会。为了充分发挥教师和学生在协作学习中的不同角色，建议通过建立三位一体的协作学习监控体系，包括教师监督、同伴监督和自我监督，从而保障社交媒体在英语教学中的高效利用。在协作学习中，教师的监督不仅仅是对学生的学科知识进行把关，更要关注学生在团队中的协作表现。通过社交媒体，教师可以：实时观察学生互动，在社交媒体平台上，学生之间的交流和协作可以被实时记录。教师可以通过监控这些互动来了解学生在团队中的角色、贡献和沟通方式。提供即时反馈，在社交媒体上，教师可以为学生提供即时的建议和反馈。这有助于学生及时调整学习策略，纠正错误，提高学习效果。设立学习目标和任务，教师可以通过社交媒体向学生明确学习目标和任务，引导学生在协作学习中保持方向一致，确保每个团队成员都明确自己的责任。同伴监督是协作学习的重要组成部分，通过社交媒体，同伴之间的监督可以更加直观和有效。小组成员评价，在社交媒体平台上，小组成员可以对彼此的表现进行评价。这可以是对贡献的肯定、对问题的指出，有助于促进良好的协作氛围。共享学习资源，学生可以通过社交媒体分享学习资源、心得体会等，同伴可以参与评价，从而实现学习经验的互通。协作任务的同步记录，小组成员可以通过社交媒体同步记录协作任务的进展，这为同伴提供了一个清晰的协作学习过程，便于相互监督和支持。学生的自我监督是协作学习中的关键环节，通过社交媒体，学生可以更好地进行自我监督。学习日志和反思，学生可以利用社交媒体平台建立个人学习日志和反思。通过记录自己的学习过程、感悟和困难，学生能够更加全面地了解自己的学习状态。设立学习目标，学生可以在社交媒体上设立个人学习目标，并定期进行自我评估。这有助于激发学生的学习动力和责任心。学习成果展示，学生可以通过社交媒体展示自己的学习成果，这种自我展示不仅有助于自我监督，也可以激发学生对学习的自信心。

通过建立完善的三位一体的协作学习监控体系，社交媒体在英语教学中将更好地发挥作用。这种体系有助于实现对学生学习过程的全面监督，提高协作学习的效果，为学生提供更好的学习体验。

（三）完善协作学习评价体系

协作学习作为一种新型的教学模式，为了更好地应用于英语教学中，需要建立一个实用性和可操作性强的协作学习评价体系。这一评价体系旨在全面了解学生在协作学习中的表现，不仅关注学习过程中的协作技能，还注重对学生综合应用能力的评估。协作学习的过程是学生培养团队协作、沟通和领导技能的关键阶段。为了全面了解学生在协作学习中的表现，建议从多个角度进行评价：教师的角色，教师可以通过田野笔记记录学生的协作表现。这包括对学生在小组中的互动、对任务的贡献、解决问题的能力等方面的观察。教师的田野笔记应该客观、具体，为后续评价提供有力支持。组长的观察记录，小组内部可以设立组长，负责观察小组成员的表现。组长的观察记录可以包括小组成员的积极性、合作态度、完成任务的效率等方面。这种同侪评价有助于学生更好地理解团队协作的重要性。学生的自我记录与反思，学生应当被鼓励自己记录协作学习的过程。这可以通过日志、反思性的学习记录等方式实现。学生可以记录遇到的问题、解决策略、个人成长等方面的内容，从而形成一份全面的协作学习档案。除了关注协作学习的过程，评价体系还应该重点关注学生在协作学习中形成的成果。这方面的评价可以通过以下方式实现：阶段性测试和竞赛，在协作学习的不同阶段，可以设置阶段性测试或竞赛，评估学生在语言运用、团队合作等方面的能力。这有助于检验学生的学科知识和协作技能的整合水平。综合应用能力考核，通过定期的综合应用能力考核，评估学生在协作学习中获得的英语综合应用水平。这可以包括口语表达、写作能力、团队协作能力等多个方面的考察。作品展示和展览，学生的协作学习成果可以通过作品展示和展览的形式呈现。这不仅是对学生努力的认可，也是激发学生学习兴趣和动力的有效方式。持续改进和反馈机制，评价体系应该具备持续改进和反馈的机制。教师可以定期与学生进行个体或小组反馈，指导他们在协作学习中不断提高。学生也应该参与评价体系的建设，提供对于评价机制的反馈，以确保评价体系的有效性和可操作性。通过以上建议，完善的协作学习评价体系将更好地支持英语教学模式的调控和纠正，使协作学习在实践中发挥更大的教育效果。

第四节 数字化大学英语教学资源的构建与应用

一、数字化英语教学资源库

数字化英语教学资源库是现代教学的重要组成部分，通过整合各类丰富多样的学习资源，为教师提供教学参考，为学生提供多元化的学习支持。本部分内容将从资源库的类型、设计要素、教师与学生的角色及偏好，以及功能应用等方面进行探讨。数字化英语教学资源库主要包括视频短片库、影音资料库、图片文本库、教学课件库等多个类型。每个类型都具有独特的特点，满足不同学科、不同层次的英语教学需求。这一类型的资源库通过收录来自各视频网站的短片，为英语学习提供生动直观的素材。涵盖不同主题和语境，有助于提高学生的听力和口语能力。影音资料库包括电影、电视剧、VOA、BBC新闻等资源，通过真实语境的呈现，帮助学生更好地理解和运用英语，对提高语感和表达能力有积极作用。图片文本库包括英文字体、音标、英文小说、杂志、报纸等资源。这为学生提供了多样的阅读材料，促进阅读理解和写作水平的提升。教学课件库以PPT形式为主，为教师提供了直观、系统的教学工具。有助于提高教学效率，使教师更好地组织和呈现教学内容。数字化英语教学资源库的设计应简洁易懂，融入时尚元素，注重个性化应用。设计时要考虑教师和学生的需求，使其更符合现代学习趋势。为了方便教师和学生使用，资源库的设计应简洁明了。清晰的分类、明确的功能按钮以及便捷的导航，有助于提高用户体验。为了吸引学生的兴趣，可以融入一些时尚元素，如与时事热点相关的话题、流行英文歌曲、国际体育赛事等。这有助于激发学生的学习兴趣。考虑到教师和学生的不同需求，资源库的设计应支持个性化应用。教师可以根据教学内容选择最适合的资源，而学生则可以根据兴趣和学习水平选择合适的学习资料。在数字化资源库中，教师和学生有着不同的角色和资源偏好。了解并兼顾双方的需求，有助于更好地发挥资源库的作用。教师更倾向于使用PPT教学课件和网络视频类资源。PPT能够组织系统性的教学内容，而网络视频则能够通过视听方式生动地呈现知识。学生更倾向于选择考试类资源和影视类资源。考试类资源帮助他们备考，而影视类资源在娱乐中提升英语学习的愉悦感。数字化英语教学资源库的功能应用是关键，检索功能和互动功能的优化能够提高资源的利用效率，增强学习体验。强大的检索功能能够帮助教师和学生更迅速地找到所需的资源，提高工作和学习效率。互动功能包括评论区、讨论板块等，有助于师生之间的交流。这种互动能够促进学习心得和意见的分享，提高学习的社交性。数字化英语教学资源库的构建与应用是适应现代教学需求的必然趋势。通过不断优化设计和功能应用，数字化资源库能够更好地为英语教学提供支持，为师生创造更丰富、更灵活的学习体验。

二、搭建数字化英语教学平台

（一）数字化英语教学平台的搭建

数字化英语教学平台是适应现代教学理念和技术发展的重要组成部分。通过搭建数字化英语教学平台，可以为学生提供全新多样的网络多媒体学习资源和学习模式，有效促进学生的自主学习和教师的教学管理。数字化英语教学平台应该具备多种功能，以满足不同层次、不同需求的学生和教师。主要功能包括：在平台上设置丰富多样的学习内容，包括视频、音频、文本等形式，以满足不同学科和学习阶段的需求。内容设置要贴合课程目标和学科特点，使学习更具针对性。教师可以在平台上方便地布置作业，设置作业的类型和截止日期。学生可以在线提交作业，教师可以及时查看和批改，促进教学效果的提高。平台应支持小组合作学习的功能，通过在线协作工具促进学生之间的互动和合作。这有助于培养学生的团队协作能力。提供在线直播和录播的功能，让学生可以灵活选择学习时间，提高学习的灵活性。同时，支持实时互动，使学生和教师之间能够即时交流。平台可以记录学生的学习历程，包括学习时长、学习内容、在线测试成绩等。测试系统应提供各种形式的题型，全面评估学生的英语水平。整合丰富的英语学习资源，包括教材、教辅、参考书籍、学术论文等，方便学生自主学习和教师备课。提供讨论区、在线答疑等交流平台，促进学生之间和学生与教师之间的互动。这有助于解决学生在学习过程中遇到的问题，增强学习氛围。数字化英语教学平台为教师提供了强大的教学管理和监督工具，有助于提高教学效果。教师可以通过平台了解学生的在线学习情况，包括学习时长、学习进度等，为个性化教学提供数据支持。平台可以记录学生在平台上的上网行为和学程记录，帮助教师更全面地了解学生的学习兴趣和学科偏好。平台提供成绩分析和排名功能，让教师可以直观地了解学生的学习表现，及时采取有效的教学策略。教师可以方便地在平台上布置作业，同时在线批改作业，提高作业批改的效率。提供在线答疑的平台，教师可以通过文字、语音、视频等形式解答学生的问题，提高学生学习的及时性和有效性。数字化英语教学平台的搭建不仅要注重功能的设置，还要优化学生学习体验，增强学生的学习兴趣。平台的界面设计应简洁清晰，方便学生浏览和操作。适当加入时尚元素，提升平台的吸引力。平台可以根据学生的学科兴趣和学习记录，推荐个性化的学习资源，提高学生的学习动机。在平台上加入一些科技元素，如VR（虚拟现实）和AR（增强现实）等，提高学生的科技感受，增强学习的趣味性。数字化英语教学平台的搭建是教育信息化的重要体现，为教育教学提供了全新的可能性。通过不断优化平台的功能和设计，数字化英语教学平台能够更好地满足学生和教师的需求，促进英语教学的发展。

（二）创建数字化平台课程

在数字化平台建立英语自主学习资源是数字化英语教学平台的重要一环。建设包括教学课件、试题库、英语专业八级考试习题库、图片库、英文影像资料、音频资料等在内的教学资源库。这些资源的建设要符合教学大纲和教学目标，为学生提供全面的学习资料。同时，整合相关考试网站链接，让学生能够方便地获取更多的测试和练习资源。介绍与课文相关的背景知识，如在数字化平台中，通过音频资料库播放英、美两国在二战时的国歌，以引起学生兴趣。通过影像资料库播放与二战相关的视频，如《拯救大兵瑞恩》等，使学生能够感受战争时期的氛围。最后，通过PPT课件介绍与课文相关的其他背景知识，辅以图片库中的图片，如威尔士亲王号和俾斯麦号两艘军舰的图片等，使学生更全面地了解课文的语境。使用数字化教学平台的PPT教学课件呈现各种词汇、语法、修辞等知识点，对课文内容进行详细说明和解释。通过PPT的图文并茂，让学生更直观地理解课文的结构和要点。此外，通过数字化平台，教师可以利用多媒体资源更生动地展示课文中的语言现象，提高学生的学习兴趣。在平台上，从试题库中选择与课文相关的练习和测试题目，进行针对性的练习和测试。这有助于巩固学生对课文内容的理解，同时为教师提供学生学习情况的数据。通过数字化平台开设讨论区，鼓励学生在这个平台上进行学术性的讨论和互动。教师可以参与其中，解答学生的问题，促进学生之间的交流。此外，开设答疑活动，通过在线交流的形式解决学生在学习过程中遇到的问题，提高学习效果。通过数字化平台搭建与教学课程的结合，使得英语教学更加灵活多样。学生可以在数字化平台上获取更加全面、立体的学习资源，教师则可以更好地监控学生的学习情况，提供更有针对性的教学。这种数字化教学的模式不仅满足了学生个性化学习的需求，同时也提升了教学效果，为英语教育的未来发展提供了新的可能性。

（三）数字化教学实践中的自主学习

数字化英语教学平台为学生提供了更灵活的学习方式，使得自主学习成为可能。学生在进行数字化自主学习时，可以通过校园网进入系统，浏览下一节课的教学内容，按照网络教学计划完成自主学习任务。学生通过校园网登录数字化英语教学平台，进入个人学习空间。在这个空间中，可以查看个人的学习计划、教学内容、资源库等信息。学生在系统中查看下一节课教师要进行的教学内容。教学计划详细列出了课程安排、教材内容、自主学习任务等，为学生提供了清晰的学习指南。学生在自主学习时要围绕教材内容展开学习活动。这包括阅读课本、听取相关音频、观看视频等，以全面掌握课程知识。在数字化平台上，学生可以随时调整自己的学习计划。如果发现某个知识点较难理解，可以选择更多时间进行学习；如果某个部分已经掌握，可以提前进行下一步学习。学生可以通过数字化资源库进一步提高自己的学习效果。系统提供了丰富的视频、音频、图片等资源，学生可以选择适合自己学习风格的资料，拓展知识面。在自主学习模式下，教师的角色更多是指导、监督和提供服务管理。教师通过平台监测学生的学习进度，及时发现学生的学习问题，提供必要的帮助和指导。数字化平台为学生提供了互动的空间，学生可以在平台上与教师和同学进行交流。此外，教师通过系统提供的数据可以给予学生反馈，指导学生更好地完成学习任务。数字化平台还提供了学习服务管理，包括学习记录、在线答疑、成绩查询等功能，为学生提供更便捷的学习服务。数字化英语教学平台为学生提供了更为自主和个性化的学习方式。通过充分利用数字化资源，学生在自主学习中能够更好地调整学习计划，提高学习效果。而教师在数字化平台上的监督和指导则更加精准和及时，为学生提供了更好的学习支持。这种数字化的自主学习模式不仅适应了学生个体差异，也为英语教学注入了更为灵活和创新的元素。

（四）数字化教学实践中的教师课堂面授

数字化英语教学平台的优势在于能够融合线上和线下教学，提供更加灵活和多样化的学习方式。在教师的课堂面授环节，教师起到了对学生自主学习效果进行检查和引导的重要作用。以下是在课堂面授中的一些教学活动：教师在课堂面授时首先会对当前学习单元的课文内容进行深入讲解。通过详细的解读，教师引导学生更好地理解课文，把握重要知识点，并强调本单元的重点和难点。这有助于弥补自主学习中可能存在的理解不足之处。在面对面的交流中，教师可以直接询问学生关于自主学习的情况，了解学生在数字化平台上的学习进度、遇到的问题和解决方法。这有助于及时发现学生的学习困难，提供更有针对性的帮助。教师在课堂面授中还可以就阅读方法、写作方法、听力技巧和翻译技巧等方面进行深入讲解。通过实际的案例分析和演示，教师可以向学生展示更有效的学习策略，提高学生的学习效果。面对面的交流使得学生更容易提出问题，教师可以在课堂上进行答疑解难。学生可以针对自己在自主学习中遇到的问题进行详细的咨询，而教师则能够提供更为细致和深入的解答。教师可以及时检查学生在数字化平台上布置的作业完成情况。通过对学生作业的详细批改，教师能够为学生提供具体的反馈和建议，帮助学生更好地理解和应用所学知识。在课堂面授结束时，教师可以对学生的自主学习表现进行客观公正的评价。这种评价可以包括对学生在数字化平台上学习的态度、学习深度和学习成果等方面的评估。通过以上教学活动，教师在课堂面授中既能够检查学生的自主学习效果，又能够提供有针对性的指导和帮助，确保学生在数字化教学平台上能够获得更好的学习体验和学习成果。这种数字化与面对面相结合的教学模式有助于提高教学的灵活性和个性化，更好地适应学生的学习需求。

三、构建数字化大学英语教学资源的意义

（一）为英语教师服务

数字化英语教学资源的构建对英语教学带来了技术上的重大突破，是英语教学现代化和技术化变革的重要途径。下面从服务教师、丰富教学素材、提供监控三个方面来探讨数字化英语教学资源的意义。

1. 数字化英语教学资源库使教师备课更方便

数字化英语教学资源库的建设为教师备课提供了便利，主要体现在视频与音频资料的紧密结合、教学课件的多样性，以及提高了教学效率等方面。首先，数字化英语教学资源库中的视频和音频资料是经过精心整合的，紧密结合大学英语教材。这意味着这些资源不是孤立存在的，而是根据教学大纲和学生需求进行了精准的匹配。这样的结合使得这些资料直接服务于教师的教学需求，为备课提供了有力支持。这些资料经过对学生需求的分析，确保了其与教学内容的密切关联。因此，教师在备课时可以更轻松地找到符合自己教学计划的视频和音频资源。这样的紧密结合使得备课工作更加高效，减少了教师寻找和整合资源的时间成本。数字化英语教学资源库中包括了丰富多样的教学课件，其中既有精品课件，也有

优秀课件，等等。这种多样性使得教师在备课时可以灵活选择适合自己授课风格和学生需求的课件，更好地满足教学的个性化需求。资源库还提供了相关的课件制作说明和工具，为那些习惯制作自己教学材料的教师提供了支持。这使得教师在备课时可以更加灵活地根据自己的教学理念和学生特点，制作符合实际教学需求的教学课件。数字化英语教学资源库的建设显著提高了教师的备课效率。由于资源库中的内容已经经过整合和精选，教师无须从零开始制定教学计划和寻找相关教学资料。这不仅节省了教师的时间，也使得备课工作更加系统化和有序。

2. 数字化英语教学资源为课堂教学提供了丰富的素材

数字化英语教学资源的建设丰富了教师在课堂上的教学素材，主要体现在各类资源的多样性、对教学内容和形式的丰富支持，以及提高了课堂教学效率等方面。数字化英语教学资源库根据教学大纲和教材要求进行建设，涵盖了各类丰富的资源。这包括但不限于视频、音频、图像、文本等多媒体形式的资源。这些资源涉及不同主题、语言水平和文化背景，为课堂教学提供了广泛而多元的选择。在数字化资源库中，教师可以找到与当前教学内容相关的资源，使得教学更具针对性和实际性。例如，通过相关视频和音频资源，学生可以接触到地道的语言运用和真实的语境，提高语言的感知和理解能力。数字化英语教学资源的多样性为课堂教学提供了更加丰富的内容和形式。教师可以利用这些资源进行教学演练，使得学生在课堂上能够接触到更为生动和多样化的学习材料。这不仅有助于吸引学生的兴趣，还能够激发学生的学习热情。通过引入视频和音频资源，课堂教学可以更生动地展现英语的实际运用场景，让学生在真实语境中感知语言的用法和语音语调。同时，数字化资源还可以用于教学示范，帮助学生更好地理解和掌握课程内容。

3. 数字化英语教学平台可以为英语听说教学提供监控，使教师易于对学生进行教学评价

数字化英语教学平台在大学英语听说教学中的监控和评价功能发挥着至关重要的作用。数字化英语教学平台可以实时监控学生在听说课程中的表现。通过学生在平台上的活动，教师能够迅速了解每位学生的学习进度、听说能力的发展情况，及时发现问题并进行调整。这种实时监控机制使得教师能够更具针对性地进行教学引导，满足不同学生的学习需求。数字化英语教学平台支持对学生学习进展的连续跟踪。教师可以追踪学生在一个学期或一个学年内的听说表现，并通过平台记录学生的学习轨迹。这有助于形成学生的学习档案，为教学评价提供更为全面的依据，促进对学生长期发展的综合评估。通过数字化英语教学平台，教师可以对学生的听说能力进行个性化评价和指导。根据学生在平台上的实际表现，教师可以给予个别学生精准的评价，指导其在语音、发音、口语表达等方面的提升。这种个性化评价有助于激发学生的学习兴趣和主动性。数字化英语教学平台提供了对学生课后学习成果的详细反馈。教师可以查看学生的听说作业、口语练习成果，并及时进行评价和建议。这有助于学生了解自己的不足之处，及时进行调整和改进，形成良好的学习反馈循环。数字化英语教学平台支持对学生听说能力的多维度评估。不仅仅局限于语音发音和口语表达，还包括语感、语调、语速等多方面的评估指标。这有助于培养学生的综合英语素养，提高其听说能力的全面发展。数字化英语教学平台可以模拟各种语境，创设丰富的虚拟语境，提供真实的听说体验。通过与虚拟角色或其他学生的对话互动，学生可以在虚拟环境中提高交际能力。教师可以通过平台监测学生在虚拟语境中的表现，为其提供具有针对性的反馈和指导。数字化英语教学平台的监控和评价功能使得教师能够更全面、精准地了解学生的听说能力，为个性化教学提供支持，促进学生在英语听说方面的全面发展。

（二）有利于培养学生的自主学习能力

数字化英语教学资源的建设不仅在教师备课上提供便利，同时对学生的自主学习能力培养也有着积极的作用。以下是数字化英语教学资源在促进学生自主学习方面的重要意义。

数字化英语教学资源库中的多媒体资料丰富而多样，涵盖了不同难度和兴趣领域的学习资源。学生通过检索、分析、加工和获取这些信息，培养了在数字化信息时代必备的信息素养。能够熟练使用数字化资源进行学科知识的获取，使学生具备更强的学科应用能力。数字化英语教学资源库的设计考虑了不同学习能力和需求的学生，为后进生提供相对简单的教学资源，为优等生提供更具挑战性的资源。这种个性化的设计使得学生可以根据自身情况选择适宜的学习材料，提升了学习的灵活性和个性化体验。学生在数字化英语教学资源库中能够根据教学任务和个人兴趣，自主选择学习材料，并制定学习计划。这种自主学习的过程有助于培养学生独立思考和自主学习的能力。学生不仅学会根据教师的课堂任务进行学习，还能够在课下自主学习，逐渐养成“学会学习”的习惯。传统的大学英语教学模式通常以教师为中心，采用灌输式的教学方法。而数字化英语教学资源库的建设促使学生转变为学习的主体。通过自主检索和学习，学生变得更加主动，成为求知者而非被动接收者。这种转变有助于提高学生的学习兴趣和动力，推动英语教学向更为现代和个性化的方向发展。数字化英语教学资源库的运用使得教学更趋向于启发诱导式的教学方法。教师不再是传统意义上的灌输者，而是引导学生进行自主学习的导师。学生通过对资源库的利用，逐渐培养了解决问题、主动学习的能力，这对于他们未来的学业和职业发展具有深远的影响。

数字化英语教学资源的建设有力地促进了学生自主学习能力的培养，引领学生迈向更为开放、灵活和自主的学习方式。

（三）有利于促进师生交流和生生交流

数字化英语教学资源的建设不仅使教师备课更为便捷，也为教师和学生之间的交流提供了更广阔的平台。以下是数字化英语教学资源在促进师生和生生之间的交流方面所发挥的重要作用。

数字化英语教学平台为师生提供了一个实时学习交流的平台。教师可以随时发布学习资源、课程通知，进行在线答疑，提供实时指导。学生可以通过平台及时获取教学信息，进行问题反馈和学习心得分享。这种实时交流缩短了教学反馈的时间，有助于及时纠正学生的学习方向，提高学习效果。数字化英语教学资源库的异时性使得师生和生生之间能够在不同时间进行学习交流。学生可以在自己的学习时间内浏览教学资源，提出问题，与教师进行异时交流。这种弹性的学习模式有助于满足不同学生的学习需求，促进了个性化学习和异地协作。数字化英语教学平台支持多种形式的教学活动，如在线讨论、小组合作学习、学生作业上传等。教师可以在平台上开设讨论区，引导学生进行主题性的讨论和交流。这样的多样化教学形式使得师生之间的互动更为灵活，学生之间的合作更为便捷。通过数字化平台的互动交流，学生更容易表达自己的看法，提出疑问，分享学习心得。这种互动促使学生更加积极主动地参与到学习中，增强了学生对学科知识的兴趣。教师能够更直观地了解学生的学习状态，有针对性地进行引导和鼓励。

数字化英语教学资源的引入改变了传统的师生关系。教师不再仅仅是知识的传授者，而更成为学生学习路上的导航者和合作伙伴。学生之间通过平台进行交流，形成了更为平等的学习氛围，激发了学生的团队协作精神。数字化英语教学资源的建设为师生之间和生生之间提供了更为广泛和便捷的交流平台，打破了传统教学中时间和空间的限制，促进了更为紧密的合作和交流。

参考文献

[1] 王书蕊，曹菲，吴妍．新工科背景下大学英语课程思政实践与反思 [J]. 高教学刊，2023，9（36）：185-188.

[2] 史丽珍，史艳婷．互联网时代背景下大学英语混合式教学模式探究 [J]. 佳木斯职业学院学报，2023，39（11）：133-135.

[3] 高凤琼．跨文化背景下大学英语翻译教学策略探讨 [J]. 英语广场，2023，（30）：69-72.

[4] 张美娟．“双创”背景下大学英语教学评价体系优化创新的策略 [J]. 江西电力职业技术学院学报，2023，36（07）：73-75.

[5] 任波．信息化背景下大学英语教学改革创新 [J]. 校园英语，2023，（25）：43-45.

[6] 邓超群．人工智能时代大学英语教学机遇与挑战 [J]. 湖北经济学院学报（人文社会科学版），2021，18（06）：142-145.

[7] 朱燕．大学英语教学“课程思政”有效策略研究 [J]. 湖北开放职业学院学报，2023，36（22）：99-101+107.

[8] 臧庆．大学英语教学中的文化意识培养 [J]. 英语广场，2022（26）：67-71.

[9] 刘芳．大学英语教学中跨文化意识的培养研究 [J]. 海外英语，2022，（20）：136-137.

[10] 王旭．大学英语教学中跨文化意识的培养路径初探 [J]. 现代英语，2020，（09）：99-101.

[11] 王冬梅，安雪花．话语分析在大学英语口语教学中应用的实验研究 [J]. 河南科技学院学报，2013，（08）：128-130.

[12] 朱卫敏．关联理论视域下的大学英语阅读教学探索 [J]. 产业与科技论坛，2013，12（10）：165-166.

[13] 刘潇，邢晓宇．英语口语教学的认知心理空间探析 [J]. 内蒙古财经学院学报（综合版），2011，9（02）：62-65.

[14] 王依超．《中国英语能力等级量表》书面表达策略在大学英语课文概要写作教学中的应用 [J]. 外语测试与教学，2021，（01）：35-40.

[15] 张彪．大学英语写作与口语教学新理念探究——评《大学英语写作与口语产出式教学探究》[J]. 外语电化教学，2023，（02）：104.

[16] 李波．大学英语生态课堂师生互动关系研究 [J]. 湖北开放职业学院学报，2023，36（23）：41-43.

[17] 赵丹丹．基于 BOPPPS 模型的应用型高校大学英语线上线下混合式教学模式研究 [J]. 湖北开放职业学院学报，2023，36（23）：172-173+176.

[18] 谢立团，夏明涛．生态语言学视角下的大学英语课堂教学研究 [J]. 河北能源职业技术学院学报，2023，23（04）：61-63.

[19] 李宇清，黄勇，何泉．基于注意力机制的大学英语混合教学研究 [J]. 西安外国语大学学报，2023，31（04）：80-85.

[20] 史丽珍，史艳婷．互联网时代背景下大学英语混合式教学模式探究 [J]. 佳木斯职业学院学报，2023，39（11）：133-135.